Disney

LE ROI LION

Disney

LE ROI LION

LE ROMAN DU FILM

ADAPTÉ PAR ELIZABETH RUDNICK

D'APRÈS LE SCÉNARIO DE JEFF NATHANSON

D'APRÈS LE SCÉNARIO DU *ROI LION* D'IRENE MECCHI,
JONATHAN ROBERTS ET LINDA WOOLVERTON

PRODUIT PAR JON FAVREAU, JEFFREY SILVER,
ET KAREN GILCHRIST

RÉALISÉ PAR JON FAVREAU

TRADUIT DE L'ANGLAIS (ÉTATS-UNIS)
PAR CHRISTOPHE ROSSON

hachette
ROMANS

L'édition originale de cet ouvrage a paru chez Disney Press,
an imprint of Disney Book Group, sous le titre :

THE LION KING

Traduit de l'anglais (États-Unis) par Christophe Rosson.

Hachette Livre, 58, rue Jean-Bleuzen, 92170 Vanves.

À Jonathan Kast.

Ton souvenir, et ton amour, te survivent.

— *E.R.*

CHAPITRE UN

Dans les derniers instants précédant l'aube, la plaine africaine baignait dans le silence. Pas un oiseau ne chantait. Pas un animal ne faisait entendre sa voix. Les seuls bruits étaient les murmures de la brise à travers les hautes herbes, encore vertes en ce début de printemps, et le grondement lointain des chutes Victoria.

Mais à mesure que le soleil éclairait la savane, la vie s'ébrouait.

Un mouvement d'abord lent, à peine perceptible. Un miaulement léger qui montait du repaire des suricates. Un bruissement de plumes quand les marabouts d'Afrique déployèrent leurs longues ailes noires et étirèrent leurs cous. Puis, de plus en plus vite, les bruits prirent du volume, jusqu'à former le chant de la savane. Les mamans guépards poussaient du museau leurs petits à sortir de la tanière.

Deux topis se saluèrent en se tapant les cornes, puis allèrent brouter dans la prairie. Leurs corps marron tachetés de noir brillaient dans le soleil levant.

Dans l'immense plaine, un troupeau d'éléphants se mit en route, cap sur le point d'eau. Leurs longues trompes se balançaient, leurs pattes de colosses laissaient de profondes empreintes dans la terre sèche. Près du sommet d'une colline, une maman girafe apparut, suivie par son petit. Elle scrutait les alentours à la recherche d'éventuels amis... ou prédateurs. En contrebas, dans une plaine encore nappée d'une fine brume matinale, des gazelles s'ébattaient ; les plus jeunes jouaient à saute-buisson, mais s'effrayèrent tout à coup, au passage d'un troupeau entier de zèbres.

Les créatures les plus petites s'étaient elles aussi réveillées. Sur les branches des arbres, les colonies de fourmis sortaient de leurs trous et se dirigeaient vers la terre ferme, en veillant bien à ne pas s'approcher d'une pintade affamée. De minuscules oiseaux voletaient de branche en branche, les plus hardis s'aventuraient à se poser sur le dos d'un éléphant.

Et à mesure que les animaux de la savane s'arrachaient au sommeil, leurs bruits montèrent et montèrent, jusqu'à ce qu'un éléphant couvre le tout d'un barrissement sonore. Mais malgré cette ambiance paisible, toutes les bêtes, de la plus grande à la plus petite, ressentaient une excitation grandissante. C'est pourquoi, dans un mouvement d'ensemble presque parfait, et dans une harmonie quasi impeccable, elles se dirigèrent toutes vers le Rocher des Lions. Véritable cœur de cette partie de la savane, le Rocher des Lions était le lieu d'où le grand mâle Mufasa régnait depuis des années, et où vivait sa tribu. Ce jour-là, il devait présenter son fils à son royaume. Une tradition honorée depuis des générations. La famille de Mufasa était très respectée dans la savane. Lui-même était un lion à la fois féroce et puissant, mais également plein de bonté, et il traitait toutes les créatures – des fourmis jusqu'aux antilopes – avec autant d'égards les unes que les autres.

Le soleil était haut dans le ciel quand les derniers animaux arrivèrent au Rocher des Lions. Le silence s'abattit sur eux quand ils levèrent la tête vers l'immense rocher qui dominait la savane, et projetait son ombre sur ceux qui l'entouraient. Voilà des années qu'il était le symbole de leur royaume, un amphithéâtre naturel en même temps qu'un lieu de réunion. À la saison des pluies, il fournissait un abri aux bêtes ; à la saison sèche, un refuge contre les agressions du soleil. Mais surtout, c'était l'endroit où Mufasa et sa reine, Sarabi, vivaient. Aujourd'hui, c'était une scène sur laquelle allait se dérouler un spectacle attendu avec impatience.

Dans leur grotte située au tréfonds du Rocher des Lions, Mufasa posa un regard attendri sur sa reine. Auprès de celle-ci, leur jeune fils Simba dormait d'un sommeil paisible, sans se douter de ce que lui réservait cette journée. Sarabi inclina la tête pour caresser du museau le petit. Simba ouvrit lentement les yeux. Rassuré par la présence de ses parents, il bâilla puis s'étira. Mufasa avait accompli de grandes choses dans sa vie, mais ce dont il était le plus fier était là, sous ses yeux : son fils, sa reine, et l'existence qu'il leur avait façonnée. Il sourit.

Mufasa entendit des bruits de pas. Son sourire s'élargit encore. Son vieil ami et confident, Rafiki, venait d'arriver. Ce mandrill avait certes le poil un peu grisonnant, le dos un peu courbé, mais ses yeux conservaient tout leur éclat. Le singe s'appuyait un peu plus sur son bâton qu'autrefois, pourtant il avait toujours la démarche légère. C'est lui qui avait présenté Mufasa au royaume, quand ce futur roi n'était qu'un lionceau – et il allait en faire autant pour Simba. Les deux vieux amis se donnèrent l'accolade après quoi Mufasa s'écarta. La cérémonie allait commencer.

Simba regardait d'un œil curieux le primate qui s'approchait de lui. Avisant son bâton, il tenta de le lui arracher d'un coup de patte... rata la cible et déclencha les rires des adultes. Rafiki hocha la tête, visiblement ravi. C'était bon signe, que Simba manifeste curiosité et vivacité. Le mandrill brandit son bâton au-dessus du lionceau, puis l'agita et fit tomber de la terre rouge sur la tête du petit. Simba éternua aussitôt.

Satisfait, Rafiki souleva délicatement Simba. Puis il se dirigea vers l'ouverture de la grotte, le petit blotti sur son bras. Mufasa et Sarabi lui emboîtèrent le pas, lovés l'un contre l'autre. Quand le petit groupe sortit de la grotte, le soleil se cacha derrière un nuage, comme pour ne pas voler la vedette aux animaux. Au pied du Rocher, les bêtes s'avancèrent, pressées d'assister à la cérémonie. Rafiki marcha jusqu'au bord du Rocher, s'arrêta à quelques centimètres du vide. Là, surplombant les créatures fascinées, il souleva Simba, de sorte que chacun puisse voir le lionceau.

Dans l'instant, les animaux réagirent bruyamment : les éléphants barrirent. Les zèbres trépignèrent sur place. Les marabouts battirent des ailes et les guépards feulèrent. C'est alors que le soleil perça les nuages : un rayon qui se posa sur le front de Simba, le futur roi.

Les animaux inclinèrent la tête en signe de respect.

Simba, toujours suspendu entre les mains de Rafiki, observait ce spectacle sans bien prendre la mesure de la grandeur du moment. Ainsi allait la vie, sur le Rocher des Lions. Depuis toujours, et pour toujours. C'était le Cycle de la Vie, tel qu'il se déroulait dans la savane. Dans les périodes troublées comme dans les périodes tranquilles, les animaux pouvaient compter les uns sur les autres, ainsi que sur l'ordre de la vie. Aujourd'hui, c'était au tour de Simba d'intégrer ce cycle.

Il l'ignorait peut-être encore, mais un jour il lui faudrait prendre la place de son père et boucler la boucle. Devenir le roi.

Tous les animaux de la savane ou presque étaient venus saluer leur futur roi, mais un certain personnage manquait à l'appel. Un personnage dont l'absence, si elle ne fut pas regrettée par grand monde, fut durement ressentie par Mufasa. Ce personnage était son frère, Scar.

Le regard posé sur l'emplacement réservé à Scar, Mufasa poussa un soupir. Une fois de plus, son frère l'avait déçu. Mufasa avait espéré qu'il se montrerait à la hauteur de l'événement, qu'il oublierait ses jalousies mesquines. Hélas... Scar avait été égal à lui-même : plein d'amertume, de ressentiment et de colère.

Mufasa regagna la grotte à la suite de Rafiki et de Sarabi. Au passage, son regard s'attarda à l'ombre du Rocher des Lions, là où Scar avait élu domicile. La colère remplaçait peu à peu la déception dans son cœur. Certes, Scar était né le second ; Mufasa n'y était pour rien. Pourtant, d'une certaine manière, c'est lui qui était devenu le méchant dans le roman de la vie de Scar. Mufasa savait que son cadet lui reprochait sa situation d'infériorité. Scar était un imbécile gorgé d'amertume, qui se plaisait à attiser le mécontentement parmi les jeunes lions, et ne perdait jamais l'occasion de tourner en ridicule son frère ou lui manquer de respect. Comme il venait encore de le faire.

D'un signe de la tête, Mufasa demanda à son majordome, un calao prénommé Zazu, d'approcher. En veillant bien à ne pas déranger Sarabi, qui s'occupait de donner le bain à Simba, Mufasa chuchota ses directives à l'oiseau :

— Va trouver Scar, et fais-lui part de ma contrariété, prononça-t-il dans un murmure plein de son autorité habituelle. Dis-lui que je descendrai tantôt afin d'entendre l'excuse qu'il aura concoctée...

Ses ordres donnés, Mufasa reporta son attention sur sa famille. Il voulait profiter d'eux quelques instants encore – pas en tant que roi, mais en tant que père. Ensuite, il irait parler à Scar – pas en tant que frère, mais en tant que roi.

CHAPITRE DEUX

Scar se prélassait au fond de sa grotte. Il percevait les bruits étouffés de la cérémonie. Sa grotte trembla quand les animaux paradèrent autour du Rocher des Lions dans un concert de barrissements et de cris de joie à la présentation de l'adorable petit Simba. Scar plissa les yeux, balaya d'une patte rageuse le sol devant lui. Une once de tranquillité, était-ce vraiment trop demander ? Tant d'agitation pour un minuscule lionceau. C'était dégoûtant. Mais cela ne l'étonnait pas de la part de son grand frère. Ce monarque puissant n'aimait rien tant que se donner en spectacle.

Afin d'oublier la clameur qui lui parvenait de l'extérieur, Scar se concentra sur une tâche autrement plus pressante : son déjeuner. Alors il se renfonça encore plus loin dans sa grotte et se tapit. Aux aguets. En quelques instants, un calme étrange envahit l'endroit, comme si Scar avait cessé de respirer, de bouger. Dans la savane, il aurait été un chasseur fabuleux. Hélas, la cicatrice qu'il avait à un œil l'avait rendu inapte, d'après son père, qui ne l'avait jamais emmené en expédition de chasse, ni ne lui avait enseigné cet art. Dans sa grotte, en revanche, Scar était le plus redoutable des guerriers. Personne ne jugeait sa piètre apparence : sa silhouette efflanquée ; sa crinière miteuse et clairsemée ; son pelage tacheté, qui grisonnait avant l'âge ; ses yeux si dissemblables – l'un vif, l'autre embué et balafré. Dans sa grotte, donc, il était le roi.

Et le roi s'apprêtait à se nourrir.

Une souris, se croyant en sécurité dans cette atmosphère paisible, déboula dans la grotte. Elle dressa le bout de son museau, agita ses moustaches, darda ses petits yeux à droite et à gauche. Persuadée de n'avoir rien à craindre, elle s'avança encore, le museau collé au sol, à la recherche d'une miette quelconque. Toute à sa mission, la pauvre rongeuse ne vit pas l'ombre qui s'élevait sur la paroi de la grotte derrière elle.

À gestes lents, Scar se mit debout, les poils de la nuque hérissés, les yeux plissés, concentré sur sa proie. C'était le moment qu'il préférait. Juste avant l'attaque – quand il se tenait à deux pas de sa victime. Des deux frères, Mufasa avait toujours été le plus costaud, mais Scar, lui, avait toujours été le plus rusé. Et jouer au chat et à la souris le mettait en joie.

Un tout petit pas en avant, sans bruit, les coussinets de ses grosses pattes effleuraient à peine le sol glacé de la grotte. Lorsqu'il fut presque sur la souris, il leva une patte. Patte qu'il maintint une seconde au-dessus de sa proie avant de l'abattre, et d'acculer la pauvre créature à la paroi rocheuse.

Un rictus de plaisir étira les traits de Scar. Derrière sa patte, il sentait les mouvements frénétiques de la souris qui tentait de s'échapper. Elle n'avait nulle part où aller. Alors il releva sa patte, se pencha museau à museau devant la rongeuse effrayée :

— La vie n'est pas juste, ma minuscule amie... soupira-t-il. Certaines créatures sont nées pour festoyer, alors que d'autres passent leur existence dans le noir... à quémander des restes. Toi et moi, nous sommes pareils, au fond.

Scar approcha davantage encore son museau de la souris. Il riait à part de la comparaison qu'il venait de faire. Celle-ci était pourtant juste. La rongeuse et lui étaient prisonniers de leur sort. Le félin appartenait peut-être à la plus noble des familles, il était en réalité aussi impuissant qu'une souris. Un soupir, et il ajouta :

— Nous recherchons l'un comme l'autre une issue...

Sur ce, Scar souleva la souris par la queue, la laissa s'agiter un moment. Il ne se lassait pas d'infliger de petites cruautés à des êtres faibles. Et il aurait eu tort de s'en priver. Dans sa famille, c'était après tout lui le faible. Or sa faiblesse l'avait mis à l'écart de la tribu, on le traitait comme un moins-que-rien alors que Mufasa recevait toutes les louanges. Scar ne deviendrait jamais roi. L'affaire était entendue. Surtout depuis la naissance du rejeton. Mais cela ne signifiait pas pour autant qu'il devait renoncer au plaisir – même s'il fallait s'en prendre à des êtres trop minuscules pour se défendre.

Scar décida que le jeu était terminé. Il ouvrit la gueule, approcha la souris de ses crocs. Il s'apprêtait à la croquer, quand un battement d'ailes l'interrompit. L'instant d'après, la voix de Zazu emplit la grotte.

— Alerte ! lança le calao. Le roi s'avance ! Alerte !

Au mot *roi*, Scar relâcha ses muscles. La souris en profita pour s'enfuir, laissant le lion la gueule grande ouverte.

Scar se rassit et observa Zazu – visiblement pas rassuré d'être face à un félin. Il haïssait ce volatile – presque autant qu'il méprisait Mufasa. Zazu semblait se croire tout permis, pour la simple raison qu'il était le majordome de Mufasa. C'en était irritant. Tout comme cette façon qu'il avait de stresser en permanence, de trembler à chaque instant. Alors que personne n'aurait osé lui faire de mal, par peur des représailles du roi.

Sentant le regard du lion peser sur lui, Zazu inspecta la grotte. Son bec s'inclina face à la saleté du décor – la couche fine et souillée dans un coin, près des restes du dernier repas de Scar. Puis il leva les yeux vers le maître des lieux.

— Sa Majesté requiert une audience, annonça-t-il. À son arrivée, tu te lèveras et plieras un genou en signe de respect.

Scar fit la sourde oreille, préférant s'intéresser au petit trou dans la paroi rocheuse, par où la souris s'était sauvée.

— Zazu, prononça-t-il de sa voix la plus lasse et déçue. Tu m'as fait perdre mon déjeuner.

— Tu vas devoir répondre à Mufasa de ton absence à la cérémonie de ce matin !

Scar se releva d'un bond et se dirigea vers le calao, la tête penchée, les babines retroussées en un sourire menaçant. Si Zazu croyait pouvoir débarquer ainsi chez lui et lui dire ce qu'il avait à faire, c'est qu'il était encore plus bête que Scar ne le pensait.

— Scar... glapit Zazu en voyant le lion se lécher les babines. Ne me regarde pas comme ça !

— As-tu faim, Zazu ? lui renvoya Scar sans cesser d'avancer. Nous pourrions peut-être casser la graine, tous les deux ?

Flairant la faim – et la haine – dans la voix de Scar, Zazu décolla immédiatement. Il pouvait tout aussi bien attendre Mufasa à l'extérieur de la grotte. Hélas, il n'eut pas le temps de s'élever bien haut, que Scar bondit et lui barra la route.

— Tu ne peux pas me manger ! frémit Zazu.

Pour toute réponse, Scar fit claquer sa mâchoire. Zazu se projeta dans les airs avec un cri d'effroi, esquivant de justesse les crocs du lion. Sous lui, Scar mordit encore et encore, avec une telle force que le bruit résonnait à travers la grotte.

— SCAR !

À contre-jour, Mufasa bloquait entièrement l'entrée de la grotte. Son opulente crinière évoquait la couleur du feu, mais c'est un regard glacial qu'il posait sur son frère.

— Tiens, tiens… ironisa Scar. Regardez un peu qui vient se mêler au commun des mortels.

Il observait tour à tour Mufasa et Zazu avec un égal mépris. Puis il leva une patte et entreprit de faire sa toilette.

— Approche immédiatement ! lui ordonna le roi.

Mufasa voyait clair dans le jeu de Scar. Celui-ci simulait l'insouciance, mais Mufasa n'ignorait pas la raison de son absence à la cérémonie du matin : la jalousie. Il se recula, attendit que son frère le rejoigne.

D'un pas lent, Scar quitta l'ombre de sa grotte. Il plissa les paupières, peu habitué à l'éclat du soleil. Puis il se mit à se pavaner autour de Mufasa, s'assurant au passage que celui-ci était venu seul. Oui, c'était le cas.

— Sarabi et moi, nous ne t'avons pas vu à la présentation de Simba, finit par déclarer le roi.

Il tourna la tête vers le sommet du Rocher des Lions, qui les dominait. Son corps était détendu, mais le ton de sa voix exprimait tout son mécontentement. Il ne se donna même pas la peine de regarder Scar.

Ce dernier s'arrêta au pied d'un énorme rocher, qu'il gratta d'une longue griffe acérée. Le bruit strident et grinçant fit grimacer Zazu ; Mufasa, lui, resta de marbre.

— C'était aujourd'hui ? répondit Scar. Ça m'est sorti de l'esprit. (Un haussement d'épaules, et il ajouta :) Il va sans dire que je n'ai pas voulu manquer de respect à Ta Majesté. Ni à Sarabi. Comme tu le sais, j'éprouve le plus grand respect pour la reine...

Sous-entendu : il avait moins de respect pour d'autres personnages.

Le regard de Zazu oscillait entre les deux frères. Leur compagnie n'était jamais agréable mais, aujourd'hui, elle était carrément effrayante. Le calao percevait la rage qui bouillait en Mufasa, et flairait l'indifférence que dégageait Scar. Après s'être éclairci la voix, il s'avança et dit :

— En tant que frère du roi, c'est toi qui devais être le premier, rappela-t-il.

Scar haussa un sourcil. Le mouvement étira sa cicatrice et lui donna l'air encore plus maléfique que d'habitude. Zazu voulait-il plaisanter ? N'avait-il pas saisi l'ironie de ses paroles ?

— Je l'étais, répliqua-t-il. Tu l'as peut-être oublié ? Du moins, je l'étais jusqu'à la naissance du précieux petit prince.

Fatigué de cette conversation, Scar pivota sur lui-même et s'en allait déjà. Il avait mieux à faire que d'écouter les reproches d'un vulgaire volatile et de son écervelé de frère. Remettre la patte sur son déjeuner enfui, par exemple.

— Tu oublies que tu parles à ton roi ! s'indigna Mufasa.

Pour Scar, c'en était trop. Il se retourna et lança :

— Oh non, Mufasa, je ne l'oublie pas. Mais méfie-toi, tu aurais tort de me sous-estimer.

— Tu cherches la guerre ? rugit Mufasa en se dressant devant son frère, le torse bombé.

Les deux lions restèrent ainsi, face à face, un long moment, à se défier du regard. Jusqu'à ce qu'enfin Scar baisse la tête et s'éloigne.

Il était chétif, mais pas stupide. Il n'avait aucun intérêt à se battre.

— Il ne peut pas y avoir de guerre entre nous, déclara-t-il. (Une pause, puis il ajouta :) Il ne peut *plus* y avoir de guerre entre nous…

Les poils se hérissèrent sur la nuque de Mufasa, et un grondement se forma au fond de sa gorge. Mais il n'eut pas le temps de répliquer, que Zazu s'interposa.

— Sage décision, Scar, commenta l'oiseau. Tu n'es pas de taille à te mesurer à Son Altesse !

— En effet, embraya Scar dans un haussement d'épaules. Parce que si ma subtile intelligence se taille la part du lion, sur le plan de la force physique mon grand frère aura toujours le dessus, j'en ai peur.

— Toujours ? Non, nuança Mufasa. Un jour, c'est mon fils qui régnera sur la Terre des Lions. Simba sera ton roi.

— Dans ce cas, longue vie au roi, conclut Scar en regagnant la pénombre de sa grotte.

Mufasa regarda son frère s'éloigner en poussant un soupir. La rencontre ne s'était pas déroulée comme il l'avait souhaité. Certes, il en voulait à Scar d'avoir snobé la cérémonie. Mais une part de lui-même, une infime part de lui-même avait espéré qu'il aurait une bonne explication à fournir. Il s'était même pris à rêver que, avec l'arrivée d'une nouvelle génération, ils pourraient tirer un trait sur leur passif. Manifestement, ça n'était pas le cas.

— Que pourrais-je bien faire de lui ? s'interrogea tout haut Mufasa tandis que Zazu et lui remontaient au sommet du Rocher des Lions.

— J'ai peut-être une idée, répliqua aussitôt le calao. Pourquoi ne pas user de vos crocs et de vos griffes ?

Mufasa s'efforça de ne pas rigoler. Zazu n'avait jamais fait mystère du dédain qu'il avait pour Scar.

Le roi n'aurait toutefois pas su dire si c'était par loyauté envers lui, ou à cause du laisser-aller dont faisait preuve Scar. Zazu méprisait le désordre.

— Pourquoi pas ? insista le volatile. Nous savons tous les deux qu'il y a belle lurette qu'il aurait dû être expulsé de la Terre des Lions.

Le visage de Mufasa s'assombrit.

— C'est mon frère, Zazu, rappela-t-il en secouant la tête. Il est ici chez lui. Tant que je serai roi, cela ne changera pas.

Même si Scar s'obstine à me donner des raisons de le chasser, ajouta-t-il à part.

CHAPITRE TROIS

Le temps s'écoulait comme toujours dans la savane : le Cycle de la Vie enchaînait saisons sèches et saisons des pluies. Les lacs se vidaient par évaporation, puis se remplissaient. Les troupeaux maigrissaient, puis grossissaient de nouveau. Le soleil cuisait la terre, puis la pluie la noyait. Et pendant ce temps, les lions du Rocher regardaient leur jeune prince grandir et s'enhardir.

Les longues journées de sieste entre les pattes de sa mère étaient terminées pour Simba. Il avait vu son pelage foncer à force de passer des heures à jouer au soleil, et l'exercice lui avait fait perdre ses rondeurs de lionceau. Son regard vif et curieux ne restait jamais en place, et le jeune félin n'arrêtait jamais de parler non plus. Sauf quand le sommeil s'abattait sur lui. Et encore, même lorsqu'il dormait, ses pattes ne cessaient de chasser l'antilope dans la savane.

Au sortir d'un rêve particulièrement glorieux – au cours duquel il avait aidé son père à sauver une famille de topis d'une inondation –, Simba s'étira les pattes et fit le gros dos. Puis il leva la tête et bâilla à s'en décrocher la mâchoire. Près de lui, un lionceau s'agita dans son sommeil, puis se calma en se blottissant contre sa mère. Simba patienta une seconde encore, dans l'espoir qu'il aurait réveillé un camarade de jeu… puis il bâilla de nouveau en y mettant toute sa force cette fois… et il comprit qu'il allait devoir chercher de la compagnie ailleurs. Mais soudain, il écarquilla les yeux. Il venait de se rappeler qu'il était censé passer la journée avec son père – pile comme dans son rêve !

Alors il se dressa sur ses pattes et se mit à enjamber les lionnes endormies et leurs petits. Il sautilla ainsi jusqu'à l'entrée de la tanière, où dormaient ses parents. Simba se hissa aussitôt sur le dos de Mufasa. Il avait bien grossi depuis la cérémonie de la présentation mais, juché sur le dos de son père, il semblait toujours minuscule. Parvenu sur la nuque de Mufasa, il se cala sur la tête du roi et lui tapota les oreilles.

— Papa… tu dors ? chuchota-t-il. Papa…

Pour toute réponse, Mufasa émit un ronflement sonore.

Tu crois que je ne vois pas que tu fais semblant ? songea Simba. Ses yeux se plissèrent, ses pupilles brillèrent de malice. *Attends un peu.* Il se pencha encore, de sorte à pouvoir claironner dans une oreille de son père :

— Papa ! RÉVEILLE-TOI, PAPA ! PAPA ! PAPAPAPAPAPA !

Sarabi entrouvrit un œil. Ouf, son petit ne s'était pas fait mal, il n'avait besoin de rien d'urgent, elle pouvait refermer sa paupière.

— Ton fils est réveillé, prononça-t-elle d'une voix ensommeillée.

Blotti contre elle, Mufasa secoua la tête – Simba valdingua dans tous les sens.

— Jusqu'au lever du soleil, c'est le tien... argumenta-t-il sans même se donner la peine d'ouvrir les yeux.

Ça n'était pas la première fois que les cris – ou les crocs – de son précieux bambin le réveillaient.

— Allez, papa, gémit Simba. Lève-toi ! Tu as promis qu'aujourd'hui je pourrais partir en patrouille avec toi ! Et le soleil est déjà levé !

Le petit se suspendit à la crinière de son père.

— Tu dors ? demanda-t-il.

Sauf que cette fois, il ne gémissait plus : il souriait. Il était en effet aux premières loges pour se rendre compte que Mufasa ne dormait plus.

À gestes lents, le roi se dressa sur ses pattes. Lui aussi bâilla. Mais contrairement à la performance de Simba, celle de Mufasa résonna dans toute la grotte et réveilla en sursaut plus d'une dizaine de félins.

— Allons-y, décida-t-il en se secouant pour achever de s'extraire du sommeil.

Une caresse à Sarabi du bout du museau, et Mufasa entraîna Simba dans la lumière tiède de l'aube.

Sarabi les suivit du regard, un sourire aux lèvres. Elle savait que Mufasa était en réalité ravi de passer du temps avec Simba. Et si cela lui permettait, à elle, de grappiller quelques instants de repos... tant mieux !

— Bon alors, on commence par quoi ? voulut savoir Simba en contemplant la savane qui s'étirait devant eux. Les consignes de chasse ? On repousse les intrus ?

Au lieu de répondre, Mufasa se mit en route. Mais plutôt que de se diriger vers le pied du Rocher des Lions, il grimpa vers le sommet. Simba se démenait pour tenir le rythme... pas facile, avec ses petites pattes sur la pente raide.

— Papa ! interpella-t-il Mufasa. Tu te trompes de chemin !

Mufasa ne répondit toujours pas. Il progressait lentement mais sûrement. Quelques instants plus tard, Simba le rejoignit au sommet, tout essoufflé et... un peu perdu. Le petit retrouva son père assis au bord du précipice, les yeux rivés sur l'horizon et le soleil qui en émergeait. Simba alla s'installer à son côté. Il patienta une minute – qui lui parut durer des heures –, après quoi, n'y tenant plus, il demanda :

— Qu'est-ce qu'on vient faire ici ?

— Regarde, Simba, déclara Mufasa de sa voix grave et sérieuse. Toute cette immensité baignée de lumière est notre royaume.

Le petit regarda dans la même direction que son père, contempla le vaste territoire qui se déroulait sous ses yeux.

— Waouh, s'extasia-t-il tout bas. Tu es le roi de toutes ces terres ?

— Oui, acquiesça Mufasa. Mais le temps que passe un roi à gouverner ressemble à la course du soleil. Un jour viendra, où le soleil éteindra sur moi sa lumière - et se lèvera pour faire de toi le nouveau roi.

Simba hocha la tête. Il avait entendu les paroles de son père, mais leur sens lui échappait encore un peu. Il perçut une note de gravité, de grande peine, dans le ton de sa voix, qui le fit gémir. Jamais encore ils n'avaient discuté ainsi. Simba ne se l'expliquait pas, mais la tristesse le gagna lui aussi, à entendre son père évoquer la fin de son règne. Mais tout à coup, la tristesse s'envola aussi vite qu'elle était venue.

— Une petite seconde, comprit Simba. Tu veux dire que tout ça sera à moi ?

— Ces terres ne sont à personne, le corrigea Mufasa en secouant son imposante tête. Mais c'est à toi qu'il appartiendra de les protéger. C'est une grande responsabilité.

Le mâle adulte posa le regard sur son petit. Simba ignorait tout des responsabilités, mais cela changerait d'ici peu. Les lions grandissaient vite, dans la savane, et Mufasa tenait à ce que son fils comprenne ce qu'on attendait de lui.

Simba resta un moment à observer la savane, bouche bée d'admiration.

— Tout ce qui est dans la lumière, tu es sûr ? s'extasia-t-il ensuite. Ces arbres, là-bas, et aussi l'étang, et puis la montagne et... (Une pause.)... et l'endroit qui est dans l'ombre, aussi ?

Mufasa scruta le territoire que désignait Simba, qui semblait plongé dans des ténèbres permanentes. Il secoua la tête.

— Pour l'heure, tu ne dois pas t'y rendre, Simba, prévint-il.

— Moi je croyais que les rois faisaient ce qu'ils voulaient... rétorqua le petit. Qu'ils s'emparaient de tous les territoires qu'ils voulaient.

— Certains recherchent peut-être ce dont ils peuvent s'emparer, soupira Mufasa, mais un roi digne de ce nom ne recherche que ce qu'il peut donner.

Mufasa pivota sur ses hanches et entama la descente. Simba resta un instant à le regarder manœuvrer sur les rochers effilés. *Un jour, je serai comme lui*, songeait le petit. *Et je pourrai aller où je voudrai, rien ne me fera peur. Même pas ce territoire dans l'ombre.*

Sur ce, il emboîta le pas à son père avec détermination. Tous deux progressèrent quelque temps en silence, chacun perdu dans ses pensées. Tout en parcourant la Terre des Lions, Mufasa indiquait à Simba les recoins secrets du royaume : les grottes qui abritaient les zébus aux longues cornes ; les vergers où se nourrissait un troupeau d'éléphants. Simba découvrait tout cela les yeux écarquillés. Avisant deux zébus qui se battaient en entrechoquant leurs cornes, il alla se blottir contre son père. Le jour où rien ne lui ferait peur n'était hélas pas arrivé…

Simba aperçut tout à coup une bande d'antilopes qui gambadaient dans leur direction. Son cœur se mit à cogner très fort, il leva la tête vers son père, guettant le signal de la chasse. Mufasa lui signifia de n'en rien faire.

— Tout ce que tu vois obéit aux lois d'un équilibre délicat, déclara ce dernier. En tant que roi, il te faut comprendre cet équilibre et respecter toutes les créatures - de la fourmi qui rampe, à l'antilope qui bondit.

— Mais les lions mangent les antilopes, objecta Simba.

— Oui, mais laisse-moi t'expliquer. Quand nous mourons, nos corps se transforment en herbe, et l'antilope mange l'herbe. C'est comme… les maillons d'une chaîne dans le grand Cycle de la Vie.

— Bonjour, sire !

Mufasa et Simba cessèrent de marcher sitôt qu'ils reconnurent la voix de Zazu. Le calao vint se poser devant eux.

— Bonjour, Zazu, répondit le roi. Tu viens me faire ton rapport ?

— Oui, sire, acquiesça l'oiseau. (Puis, bombant le torse, il commença :) Les crocodiles n'arrivent plus à sécher leurs larmes. Deux girafes ont attrapé un torticolis...

Absorbé par son rapport, Zazu se détourna de Mufasa. Celui-ci en profita pour adresser un clin d'œil à son fils et se tapir dans l'herbe. Simba en fit autant.

— On va s'amuser un peu, lui souffla son père en désignant du regard Zazu.

Le ventre au ras des herbes, Simba acquiesça vigoureusement. Puis il fixa des yeux sa cible et souffla :

— Je m'en occupe.

— Pense à la direction du vent, lui conseilla Mufasa.

Mais le petit était un chasseur-né. Le museau relevé, il s'assura que son ombre ne le trahirait pas, puis il se figea, prêt à bondir.

Zazu, qui n'avait rien remarqué, poursuivait son discours :

— Les abeilles bourdonnent que les léopards n'ont pas la tâche facile. Les babouins font des singeries.

Simba s'avança de quelques centimètres. Sa queue battait imperceptiblement, son museau frémit. Il était bien positionné par rapport au vent. Malgré tout, il laissa Zazu achever son rapport.

— ... j'ai dit aux éléphants d'oublier toute cette affaire, mais c'est contre-nature !

Le volatile éclata de rire... juste avant d'être percuté par une boule de poils !

Et il se retrouva bec contre museau avec Simba.

Mufasa s'esclaffa en voyant son fils se dresser fièrement sur « sa prise ». Vexé, Zazu s'envola en ébrouant ses plumes. Il s'apprêtait à observer qu'il était le majordome du roi, et non le jouet du prince, lorsqu'il aperçut une tache sombre au loin. Il plissa les yeux, voulut s'assurer de ce qu'il voyait avant de donner l'alarme. Le doute n'était pas permis.

— Sire ! cria le calao. Les hyènes ont pénétré dans la Terre des Lions !

Mufasa passa immédiatement en état d'alerte. Son rire cessa net, son visage prit une expression féroce. Un peu effrayé par cette brusque transformation, Simba recula.

— Zazu, aperçois-tu Sarabi ? demanda le roi.

— La reine et les autres lionnes ont pris en chasse les hyènes, acquiesça l'oiseau.

Ravi de cette réponse, le roi s'élança vers les intruses. Sarabi et les femelles allaient retenir ces hyènes le temps qu'il les rejoigne. Il n'aurait alors plus qu'à rappeler à ces bêtes – à grands coups de griffes - qu'elles n'ont pas le droit de s'aventurer dans la Terre des Lions. Le roi n'avait hélas pas fait trois pas, qu'il se figea.

— Zazu, ramène Simba ! ordonna-t-il à son majordome.

— Papa ! protesta le petit. Je peux venir avec toi ?

— Non, mon fils, refusa Mufasa. Tu dois rester avec les autres lionceaux, tu y seras en sécurité.

Ces mots dits, il repartit à toute allure. Quelques secondes plus tard, il n'était plus qu'un point sombre dans le lointain.

Simba frappa le sol de ses pattes avant. Son père se trompait. Il n'était plus un lionceau. Sa place était auprès de son père, pour la défense de la Terre des Lions. C'était son devoir. Sauf que non, le voilà forcé de regagner le Rocher, et d'attendre parmi les bébés. Avec Zazu. Ça non, ça n'était pas juste.

CHAPITRE QUATRE

Assis à l'écart, Simba observait un groupe de lionceaux qui jouaient au loup en gloussant devant la tanière. La mine sombre, il vit un petit en faire trébucher un autre puis lui mordre l'oreille pour rigoler. Il serait bien allé s'amuser avec eux, mais… il râlait encore que son père ait refusé qu'il l'accompagne. *Si je lui montre les progrès que j'ai faits, il m'emmènera peut-être la prochaine fois,* se dit-il.

Le visage déterminé, Simba scruta les environs. Il lui fallait une proie. Il aperçut Zazu, perché sur l'un des plus hauts rochers. Pourquoi pas… ? Non, il pouvait trouver mieux. Un lionceau ? Sauf que, dans ce cas, il devrait leur expliquer son projet, et les petits voudraient sûrement l'imiter. Tout à coup, son regard se posa sur un scarabée qui passait par là. Sa carapace noire luisait au soleil.

Simba se tapit comme son père le lui avait enseigné. Puis il s'avança centimètre par centimètre. Hélas, à trop se focaliser sur le scarabée, il ne remarqua pas qu'il approchait du précipice... Il s'apprêtait justement à bondir, quand une voix retentit derrière lui et le fit sursauter.

— Si tu veux tuer ta proie, mieux vaut rester sous le vent.

Simba pivota sur lui-même et découvrit son oncle qui quittait la pénombre de sa grotte.

— Je sais chasser, Oncle Scar, se défendit le petit.

Et pour le prouver, il se retourna et bondit sur le scarabée... le loupa complètement... et acheva sa course contre la paroi rocheuse.

— Prions pour que nous ne soyons jamais attaqués par un scarabée, ironisa Scar. (Puis, désignant le sommet du Rocher, il ajouta :) Regagne ta tanière, Simba. Je ne suis pas ta nounou.

L'intéressé le regarda s'éloigner. Il inclina la tête.

— Ma nounou ? répéta-t-il en s'élançant après son oncle. Je vais devenir roi de la Terre des Lions. Mon père m'a montré le royaume - et c'est moi qui gouvernerai tout.

— Allons bon, souffla Scar.

Simba hocha la tête, puis se rapprocha de son oncle. Il inspecta l'intérieur de sa grotte, où il n'avait jamais mis les pattes. L'endroit sentait fort... Il y faisait froid. Située au fond du Rocher des Lions, cette grotte ne recevait pas la chaleur du soleil comme celle de Simba. Le petit lion frémit, il regrettait déjà de s'être aventuré si loin. Mais soudain, il se rappela l'épisode du matin. Il n'était plus un lionceau. Rien ne l'obligeait à rentrer chez lui en courant.

— Tu te rends compte ? reprit-il en s'adressant à Scar. Quand je serai roi, je te donnerai des ordres. C'est bizarre, non ?

— Ça, je confirme... pesta Scar en s'approchant. Alors, ton père t'a montré tout le royaume ? (Simba acquiesça.) Y compris ce qu'il y avait derrière la colline de la frontière nord ?

Simba se figea, observa son oncle avec stupéfaction. Qui lui avait dit qu'il avait interrogé son père sur ce secteur-là ? Il plissa le front. Zazu ? Zazu aurait-il répété à tout le monde que son père ne lui faisait pas confiance.

— Il m'a interdit d'y aller... révéla le petit.

— Et il a absolument raison ! Un cimetière d'éléphants n'est pas idéal pour un prince... (Scar s'interrompit soudain, la mine coupable.) Oups.

— Un cimetière d'éléphants ? s'enthousiasma Simba, les yeux comme des mangues. Waouh !

Pas étonnant que son père refuse qu'il s'en approche. C'était sûrement l'endroit le plus sensationnel au monde, avec des os énormes et plein de choses qu'il n'avait jamais vues de sa vie.

— Oh, suis-je bête, c'est parti tout seul, dit Scar. Ah mais je suppose que tu l'aurais découvert tôt ou tard, en bon futur roi que tu es.

Simba leva un regard admiratif vers son oncle.

— Tu y es déjà allé, toi ?

Scar hocha la tête, et Simba écarquilla encore plus les yeux. Son père lui avait recommandé d'éviter Scar. Mais plus il discutait avec lui, plus il le trouvait… normal ? En fait, ce drôle d'adulte était le seul à sembler se rendre compte que Simba allait devenir roi, et qu'il méritait donc peut-être de savoir certaines choses. Malheureusement, alors qu'il pensait que son oncle et lui allaient pouvoir devenir amis, Scar secoua la tête.

— Nous y sommes tous allés. Et un lionceau n'a rien à y faire.

Au mot *lionceau,* Simba fit la grimace. Mais la suite le fit sourire.

— Il n'y a que des squelettes pourris et des mares de boue…

— Des squelettes et de la boue ? s'extasia Simba.

Il ne tenait plus à l'idée de s'y rendre.

— Promets-moi que tu n'iras jamais, veux-tu ? lui demanda Scar de sa voix la plus solennelle. Et maintenant, va t'amuser.

Et il adressa une petite pichenette à l'arrière-train de son neveu pour l'inciter à partir. Simba poussa un soupir et repartit vers le sommet du Rocher des Lions. Il venait de franchir le seuil de la grotte, quand Scar le rappela :

— N'oublie pas… C'est notre petit secret. Votre Majesté.

Un signe de tête, et l'adulte retourna s'allonger dans sa tanière.

Notre petit secret, se répéta Simba. Oui, il saurait garder ce secret. Il ne répéterait à personne qu'il avait passé du temps avec Scar, ou que celui-ci lui avait révélé ce qui se trouvait près de la frontière nord. Enfin, il ne le répéterait *presque* à personne. En effet, il mourait d'envie de tout raconter à une certaine personne... et de la persuader d'aller visiter avec lui le cimetière !

Couchée sur le ventre, Nala n'en pouvait plus de devoir rester immobile. Sa mère, Sarafina, lui donnait le bain – or Nala *détestait* prendre son bain. Elle aurait préféré mille fois aller s'amuser avec les autres lionceaux, ou mieux encore, avec son meilleur ami, Simba. Aller à l'étang avec lui, pourquoi pas ? Jouer à cache-cache ? S'entraîner à attaquer une proie ? Mais non, il avait fallu que sa mère décide de la nettoyer. Sarafina aimait s'attarder sur les taches blanches qui donnaient tout son charme au pelage de sa petite.

Nala devait toutefois bien admettre que c'était plutôt agréable. Elle y avait droit tous les jours. Et même si elle râlait parfois de faire tout ce que sa mère lui disait de faire, elle était bien contente d'être une petite lionne. Elle pouvait en effet jouer quand elle le voulait, manger quand elle avait faim, et dormir blottie contre sa mère à l'abri dans la tanière.

Faire partie de la tribu de Mufasa était un privilège, Nala en avait conscience. On le lui répétait d'ailleurs depuis qu'elle était toute petite. Née quelques jours à peine après Simba, elle avait grandi avec le futur roi, et reçu la même éducation que lui. Presque comme si sa mère avait voulu la préparer à devenir reine. Cette idée faisait rigoler Nala. Elle ? Reine ? Et puis quoi, encore ?

La jeune lionne leva la tête en entendant des bruits de pas à l'entrée de la tanière. Un sourire se dessina sur ses lèvres : Simba la cherchait du regard. Elle tenta de lui faire signe, mais Sarafina la força à baisser la patte, et ses coups de langue redoublèrent de vigueur. Ouf, Simba la repéra malgré tout.

— Nala ! s'écria le futur roi en accourant vers son amie. Tu viens ? On va visiter un truc fantastique !

— C'est où ? demanda la jeune femelle.

Elle voulut se dégager – sa mère la bloqua.

Simba, lui, trépignait d'impatience. Nala le regarda danser sur place en souriant.

— Tout près de l'étang ! révéla Simba en désignant du museau la direction.

Nala n'eut pas le temps de répondre, que Sarafina déclara :

— Ma fille prend son bain.

Comme pour le prouver, elle se remit à lécher.

— Et il est temps que tu prennes le tien.

Nala vit alors la mère de Simba, Sarabi, pénétrer dans la tanière. Elle avait le poil couvert de poussière, mais cela n'enlevait rien à son port de reine. C'était une lionne gigantesque, plus grande que Sarafina, avec une tête large et de grands yeux pleins de sagesse. Nala l'avait toujours trouvée impressionnante. En tant que reine, Sarabi avait le devoir de subvenir aux besoins des lionnes et des lionceaux. Mufasa lui prêtait main-forte de temps en temps, mais c'est elle qui faisait le plus gros du travail. Nala savait que sa mère était la meilleure amie de Sarabi, et qu'elle l'assistait à la chasse. La petite espérait un jour devenir aussi forte que ces deux adultes.

Malgré les protestations de Simba, Sarabi saisit son fils par la peau du cou et l'installa sur une saillie rocheuse. Elle se mit aussitôt à lui lécher le poil, lui ôter la terre accumulée durant ses aventures au grand air. Quand enfin il put se dégager, il se cala devant sa mère et lui lança :

— Ça va, je suis propre, on peut y aller ?

Sarabi leva le museau, huma l'air.

— Les hyènes sont parties, lui indiqua Simba en devinant ce qui l'inquiétait. Vous venez de les chasser !

Nala guetta la réaction de Sarabi. Mais au lieu de gronder son fils, la reine réprima un sourire. Sarafina aussi. Difficile de discuter avec Simba.

— D'accord pour que vous alliez à l'étang, mais pas plus loin, accepta Sarabi.

— Et vous passerez par les hautes herbes, intervint Sarafina en relâchant Nala.

Celle-ci se leva d'un bond et courut rejoindre Simba. Sautillant d'excitation, les deux petits s'apprêtaient à s'en aller, quand Sarabi ajouta :

— Vous resterez toujours sous le vent. Et une dernière petite chose... Zazu vous accompagnera.

Nala et Simba grognèrent en chœur. La présence du volatile allait leur gâcher tout leur plaisir...

CHAPITRE CINQ

— Où est-ce qu'on va, en vrai ?

Simba et Nala cheminaient comme convenu à travers les hautes herbes de la savane. Le soleil réchauffait leur pelage et, sous leurs coussinets, le sol était encore souple grâce aux récentes pluies. Hélas, d'ici peu, la terre allait s'assécher sous les rayons brûlants du soleil. Mais pour l'heure, le trajet était agréable… exception faite des mélodies que Zazu massacrait au-dessus de leurs têtes.

Quand Nala lui posa cette question, Simba tourna vers elle sa mine interloquée. Cette petite lionne avait le chic pour toujours deviner ce qu'il mijotait.

— Tu détestes l'eau, explicita Nala.

Simba hocha la tête. Bien vu de sa part. Il détestait l'eau, oui. Et d'ordinaire, il fallait le traîner pour qu'il aille à l'étang.

— J'ai entendu parler d'un endroit carrément incroyable, Nala. Tu ne vas jamais...

— Dis-moi où c'est ! le coupa son amie.

Simba lui sourit. C'était une des qualités qu'il appréciait le plus chez elle : Nala était toujours partante pour l'aventure.

— Un cimetière d'éléphants, révéla-t-il.

— C'est loin ?

— Pas tellement... hésita Simba en s'apercevant qu'il ne savait pas exactement où se situait le territoire interdit. Mais ne t'inquiète pas : tout le monde y a déjà été.

Pour la première fois depuis leur départ, Nala parut légèrement nerveuse.

— Mais imagine qu'on se perde ?

Simba pressa le pas. Les hautes herbes se raréfiaient à l'approche de l'étang. Il ne voulait pas l'admettre, mais il s'était posé la même question. Et il tremblait à l'idée de se perdre. Cependant, il ne pouvait se permettre d'afficher la moindre faiblesse ou la moindre crainte devant Nala. Après tout, il était le futur roi. Et puis, Scar avait bien dit que tout le monde avait visité ce cimetière. Il devait donc exister un chemin, un sentier, une piste.

— Pas de panique, Nala, affirma-t-il. Ce matin, j'ai patrouillé dans tout le royaume avec mon père. On n'a rien à craindre.

— Tu oublies un détail... nuança la jeune lionne en désignant Zazu d'un geste du menton.

Le calao décrivait des cercles dans le ciel, scrutait avec angoisse les environs.

— Menace imminente ! s'égosilla-t-il soudain. (Les deux lionceaux se figèrent.) Quelque chose approche. Une minute... (Zazu plissa les yeux, claqua du bec.) Ce n'est que mon ombre.

Soulagé de s'être trompé, plutôt que gêné de sa réaction, le volatile reprit ses rondes de surveillance.

— Quand nous serons à l'étang, je vous demanderai de rester près du bord, annonça-t-il.

Les deux lionceaux ne relevèrent pas l'avertissement, mais reprirent leur marche.

— Il faudrait se débarrasser de ce dindon, souffla quelques instants plus tard Nala.

— Ne t'en fais pas pour ça, lui sourit Simba en bombant le torse. J'ai un plan pour...

Il s'interrompit soudain lorsqu'il découvrit que Zazu s'était posé devant eux. Il n'avait rien vu ni entendu ! Simba plissa les yeux : il comprenait un peu mieux pourquoi ses parents appréciaient autant ce calao.

— Comme c'est charmant, le futur roi et sa future reine, commenta Zazu en observant tour à tour les deux petits.

Interloqué, Simba inclina la tête et demanda :

— Comment ça, la future reine ?

— Eh bien mais je fais référence à vos épousailles, voulut clarifier le calao. (À en juger par les mines circonspectes des lionceaux, il n'avait rien clarifié du tout, alors il précisa :) Épousailles… alliances… fiançailles !

— C'est quoi, ce charabia, Simba ? questionna Nala.

Pas plus avancé qu'elle, son ami secoua la tête.

— Pour faire simple, capitula Zazu, un jour, tous les deux, vous vous marierez.

Simba resta un long moment à dévisager Zazu. Puis il se tourna vers Nala. Puis de nouveau vers Zazu. Le calao n'était pas sérieux… Nala et lui ? Mariés ?

— Même pas en rêve, Zazu, assura-t-il en s'ébrouant de tout son corps à cette simple idée. Nala et moi, on est amis. En plus… elle a peur des rhinos !

— N'importe quoi ! s'indigna la jeune lionne. Il dit ça mais lui, il n'a même jamais goûté d'impala, lui !

Simba la foudroya du regard. Elle déformait la vérité. Il avait bel et bien goûté à la chair d'impala. Une fois. Il n'avait pas aimé, voilà tout. Le goût était trop fort. Il secoua de nouveau la tête. Nala et lui ne se marieraient jamais, fin du débat. Ils étaient amis. Et cela ne changerait jamais.

— Un monarque qui veut passer outre la tradition ? renifla Zazu. Avec une attitude pareille, vous risquez de faire un bien piètre roi !

— Personne n'a à me dire où je dois aller, ce que je dois faire, ou qui je dois épouser, martela Simba en écartant Zazu de son chemin pour reprendre la direction de l'étang. Je serai le roi le plus formidable qui ait jamais régné.

– Simba ! l'interpella l'oiseau. Vous ne pouvez pas échapper à votre destinée !

– J'aimerais bien voir ça ! lui renvoya le jeune mâle.

Ça n'est pas seulement à sa destinée, qu'il voulait échapper, mais surtout à cet insupportable volatile.

Au sortir des hautes herbes, Simba sourit en découvrant l'étang. Zazu pouvait raconter ce qu'il voulait, lui expliquer qu'il serait un roi pathétique, il avait pour sa part des projets plus grandioses. Il comptait bien être un roi puissant. Non, mieux encore : le plus puissant de tous les rois. Et tandis que Nala et lui s'élançaient en direction du point d'eau, zigzaguant entre les éléphants, les hippopotames et les zèbres, Simba entendit encore Zazu qui leur criait de ne pas se cacher au milieu des troupeaux. Mais le lionceau n'en fit qu'à sa tête. Personne n'avait d'ordres à lui donner. Il pousserait les rugissements les plus assourdissants. Il irait où bon lui semblerait. Il serait libre ! Et en tant que roi, il ne se priverait pas de changer les règles qui lui déplairaient.

Un signal adressé à Nala, et Simba se jeta dans une flaque de boue et se couvrit d'un long manteau gluant marron. Son amie l'imita. Les deux amis se fondirent ensuite parmi les éléphants, qui s'étaient eux aussi nappés de boue afin de conserver de la fraîcheur. Simba nota que Zazu lui parlait toujours – mais qu'il l'avait manifestement perdu de vue. D'un battement d'ailes, le calao changea de direction – il tournait à présent le dos à Simba et Nala.

L'occasion était trop belle : Simba prit ses pattes à son cou, et sprinta sur la berge de l'étang. Nala ne le lâchait pas d'un coussinet. À ce rythme-là, ils seraient bientôt rendus au cimetière des éléphants… et débarrassés de Zazu !

Hélas, c'est alors que ce dernier les repéra.

— J'ai bien compris votre petite manœuvre ! lança le calao. Mais vous n'échapperez pas à ma surveillance, Simba !

Celui-ci se figea. Zazu avait raison. Il ne pourrait pas lui échapper indéfiniment. Mais soudain, une idée lui vint : se jeter dans l'étang !

Les animaux réunis là sursautèrent. Les zèbres se mirent à trépigner, les éléphants agitèrent leurs trompes et éclaboussèrent tout le monde. En une fraction de seconde, Nala et Simba furent débarbouillés… tandis que Zazu, lui, ruisselait du bec à la queue. Et alors que le calao s'efforçait de chasser l'eau de son plumage, Simba et Nala se glissèrent entre deux jeunes hippopotames.

— Je vous raccompagne au Rocher im-mé-dia-tement ! s'emporta Zazu.

Il suivait toujours ses deux protégés, mais perdait du terrain.

Simba, lui, en avait assez de cette comédie ridicule. Un roi n'avait pas besoin de nounou. Avisant un gigantesque groupe d'oiseaux qui venaient de se poser à quelque distance devant eux, il sourit. Puis il s'élança à toute allure vers ces innocentes créatures en rugissant de toutes ses forces. Des centaines de volatiles aux plumages multicolores s'élevèrent dans le ciel, bloquèrent le passage à Zazu... et les deux lionceaux en profitèrent pour s'éclipser.

Personne n'eut le temps d'intervenir, qu'ils s'éloignaient déjà de l'étang et filaient vers ces terres inquiétantes près de la frontière nord.

— Simba ! claironna Nala lorsque enfin ils s'arrêtèrent.

La jeune lionne était tout essoufflée - d'avoir couru, mais aussi d'avoir faussé compagnie à Zazu. Elle n'avait jamais joué un tour pareil à un adulte.

— On l'a semé, c'est super ! s'enthousiasma-t-elle.

Simba leva la tête, afficha un sourire et répondit :

— Le futur roi est un génie, je sais...

— Tu rigoles, là ? s'étouffa son amie. Tu n'aurais jamais réussi sans la reine.

Nala avait été aussi choquée que Simba par cette histoire de mariage, mais l'idée de devenir reine lui plaisait beaucoup ! Après tout, Sarabi était aussi puissante que Mufasa - du moins pour tout ce qui concernait la chasse et les affaires des lionnes. Mufasa écoutait toujours avec attention ses avis.

— Tu m'as l'air d'oublier que je ne prendrai jamais de reine, répliqua Simba tandis qu'ils gravissaient une colline.

Nala plissa le front. Ses rêves s'envolèrent. Il avait raison. Elle ne voulait pas devenir reine – surtout s'il lui fallait pour cela se marier avec Simba. Beurk !

— Plutôt épouser un fourmilier ! grimaça-t-elle.

— Il faudrait déjà que tu en trouves un qui accepte ! s'esclaffa Simba.

Nala s'immobilisa. Elle savait où cette discussion allait les mener. Ça n'était pas la première fois que son meilleur ami avait besoin qu'on lui rappelle qu'il n'était pas encore le roi. Alors, à gestes lents, elle se prépara à bondir.

— Tu vas mordre la poussière, menaça-t-elle.

— Fais gaffe, je sais me défendre, répliqua Simba.

Nala attendit qu'il attaque le premier. Ce frimeur de Simba ne pouvait jamais se retenir. Et ça ne rata pas : cinq secondes plus tard, le lionceau bondit sur son amie.

D'un mouvement fluide, Nala se dressa sur ses pattes arrière et encaissa l'assaut. Simba se retrouva bloqué, et Nala en profita pour le renverser sur le dos, et l'immobiliser de ses quatre pattes.

— Je crois que tu me dois une excuse, lui sourit-elle ensuite.

— Jamais de la vie ! se rebella Simba en s'efforçant de la repousser.

Sitôt qu'il parvint à se dégager, il repartit à l'attaque... mais là encore, Nala le retourna comme une feuille d'acacia. Sauf que, cette fois, ils basculèrent sur la pente de la colline et la dévalèrent l'un sur l'autre. À l'arrivée, Nala était toujours sur Simba, toutefois !

— Alors, tu capitules... ? ricana Nala, les yeux luisants.

À sa grande stupeur, Simba ne répondit rien. Il fixait un point situé derrière son amie.

— Nala... chuchota-t-il. C'est quoi, ça ?

Son amie secoua la tête.

— Je parie que tu essaies de m'arnaquer, Simba, affirma-t-elle.

Mais sa voix s'estompa quand elle s'aperçut que le soleil ne réchauffait plus son dos depuis leur dégringolade. Elle frémit. Puis, lentement, elle tourna la tête.

Ses yeux s'ouvrirent comme des oreilles d'éléphant lorsqu'elle constata où ils avaient atterri. Des rochers pointus se dressaient vers le ciel, masquant le soleil. Le sol était dur, calciné. Pas un arbre alentour, ni un buisson, ni même un seul oiseau qui chante. Nala ne voyait autour d'elle que des os. Des montagnes d'os d'éléphants.

— On a trouvé ! triompha Simba en se relevant.

La peur que Nala avait lue dans son regard avait cédé la place à l'excitation.

— Viens, on explore ! décida-t-il en s'éloignant déjà dans un tourbillon de poussière blanche.

Très vite, le voilà qui bondissait par-dessus les défenses et visitait les cages thoraciques. Nala, elle, semblait moins rassurée. Ces squelettes étaient les restes de dizaines d'éléphants. Elle aimait admirer les troupeaux d'éléphants dans la savane. Après les lions, c'étaient à ses yeux les plus majestueuses de toutes les créatures. La tristesse l'envahit à la vue de leurs squelettes. Elle frémit. Cette balade ne l'amusait plus.

— Simba... on est super loin de la Terre des Lions, quand même, dit-elle.

Son ami se figea sur une défense.

— On a trouvé le cimetière, Nala, lui répondit-il, tout fier. Tu sais ce que ça veut dire ?

— Qu'on peut rentrer ?

— Non. Ça veut dire que plus personne ne pourra nous traiter comme des gosses !

Nala s'apprêtait à répliquer qu'ils étaient toujours des gosses, mais elle se retint. Elle savait que discuter avec Simba était peine perdue. Une seule chose l'intéressait : grandir pour devenir roi. Avoir sa mère qui le lave et le nourrisse encore était une gêne pour lui. Nala détestait elle aussi prendre son bain, mais elle aimait de tout son cœur sa mère, sa tanière, et la place qu'elle occupait au sein de la tribu.

Cela dit, Simba était son meilleur ami ; elle n'allait pas l'abandonner – même si elle n'était pas bien d'accord avec lui.

Alors, dans un haussement d'épaules, elle alla le rejoindre quand, tout à coup, un drôle de sifflement leur parvint. Les deux lionceaux s'immobilisèrent, aux aguets.

— C'était quoi ? frémit Nala.

— Le vent entre les rochers, affirma Simba. Viens, on continue.

Nala poussa un soupir en voyant son ami repartir. Il allait s'attirer des ennuis, elle en était sûre. Pourvu qu'ils s'en sortent vivants... et que Mufasa ne la gronde pas trop ensuite.

CHAPITRE SIX

Je ne vois pas pourquoi papa et Scar m'ont défendu de venir ici, songeait Simba tout en gravissant une masse de rochers au fin fond du cimetière des éléphants. *C'est crado, d'accord, mais ça ne fait franchement pas peur. Je parie qu'ils m'ont joué un tour. Ou bien c'est comme un rite de passage.*

Dans son dos, il entendait Nala qui marmonnait seule. Il avait été surpris qu'elle propose de rentrer au Rocher. Elle qui était d'habitude toujours partante pour une bonne aventure. Le cimetière semblait la terroriser. À moins qu'elle ne boude encore pour cette histoire de fourmilier ?

— Simba ! s'écria soudain Nala en le voyant se jeter du haut d'un rocher et atterrir devant une grotte étroite et toute noire. Reviens ! Ça a l'air dangereux !

— Dangereux ? répéta Simba. Ha ! Je me ris du danger !

Il rigola encore quelques instants en inspectant l'entrée de la grotte. Ses rires résonnèrent entre les parois rocheuses et lui revinrent.

— Tu entends ça, Nala ? lança Simba.

— Allez, redescends ! le pressa son amie. Tu as prouvé que tu étais courageux ! Le soleil est en train de se coucher, et je n'ai pas envie de rester là à...

Simba ne l'écoutait même pas. Trop occupé à jouer avec l'écho de son rire. Il en produisit une nouvelle série mais, cette fois, les « ha-ha-ha » qui lui revinrent n'étaient pas les siens. C'était le rire, reconnaissable entre mille, et effrayant, d'une hyène.

Le jeune mâle n'eut pas le temps d'esquisser un geste ou de prévenir Nala, qu'une gigantesque hyène surgit de la grotte. La gueule grande ouverte, ses longues dents pointues dégoulinantes d'écume et de bave à la vue de la chair fraîche qui lui rendait visite. Simba s'écarta de justesse quand le monstre se jeta sur lui pour le croquer. Il dégringola sur les rochers et atterrit sèchement aux pieds de Nala.

Les deux félins virent alors des hyènes apparaître de tous les côtés. Il en sortait de trous dans le sol, de minuscules interstices entre les rochers, et de grottes que Simba n'avait même pas remarquées. En quelques secondes, les deux amis furent encerclés. Les rires des hyènes résonnaient contre les rochers, emplissaient le cimetière d'un vacarme sinistre.

Tout à coup, la masse des charognards laissa le passage à deux hyènes, qui s'avancèrent vers Simba et Nala. L'une avait la langue qui pendait en permanence, l'autre le corps zébré de cicatrices.

Cette dernière s'adressa aux lionceaux :

— Regardez un peu qui s'amène. (Elle parlait d'une voix grave et rauque.) Nous n'attendions personne aujourd'hui. Nous serions ravis de vous avoir à dîner…

La réponse, ce ne fut ni Simba ni Nala qui la donna.

— Oh oui ! Excellente idée ! lança la hyène à la langue folle. Restez, mes petits - nous n'avons pas grand-chose à nous mettre sous la dent, quelques vieux os à ronger, c'est tout, mais…

— Azizi, le coupa l'autre. Je ne les invitais pas vraiment à manger *avec nous*.

— Ah bon ?

Simba adressa un coup d'œil discret à Nala. Tous deux savaient que les hyènes n'étaient pas les plus futées des créatures, mais Azizi semblait particulièrement bouché. C'était peut-être leur chance… S'ils arrivaient à les blouser…

Hélas, la grande hyène se mit à gronder, les babines retroussées. Visiblement agacée par la bêtise de son camarade.

— Je voulais dire qu'on va les manger ! C'est clair, maintenant ?

Azizi ouvrit de grands yeux et observa tour à tour les deux lionceaux. Puis, d'un geste lent, il acquiesça.

— Ah d'accord, pigé. C'est logique, quoi. Mais bon, juste pour être sûr : ils restent, oui ou non ?

— NOUS ALLONS LES DÉVORER ! explosa l'autre hyène. ET PAS PLUS TARD QUE MAINTENANT !

Simba et Nala reculèrent à mesure que les hyènes s'avançaient vers eux, la gueule béante. Simba avait une boule dans la gorge. Il n'était plus très sûr de réussir à se tirer de ce guêpier. Ils étaient faits comme des rats...

— Pas touche ! Bas les pattes !

Au ton autoritaire de cette voix, les hyènes se figèrent. Simba leva les yeux et découvrit une grande femelle qui sortait d'une grotte. Contrairement aux deux qui les menaçaient, Nala et lui, celle-ci était musclée, son poil était propre, son regard clair. Elle marchait la tête haute au milieu des autres hyènes qui s'inclinaient sur son passage.

La majestueuse créature toisa les lionceaux, les étudia attentivement. Après quoi un large sourire déforma sa face tachetée.

— Voici un festin que j'attends depuis bien des lunes, ricana-t-elle. Le fils d'un roi !

Simba devina qu'il s'agissait de Shenzi, la chef des hyènes. Il avait entendu parler d'elle. Et elle aussi savait visiblement qui il était. C'était peut-être un bon signe ? Un argument qu'il pourrait tourner à son avantage ? Après tout, en tant que reine des hyènes, Shenzi était peut-être obligée de respecter un futur roi ? En tout cas, Simba ne pouvait rester sans rien faire. Alors il se plaça devant Nala, bomba le torse et déclara de sa voix la plus forte et la plus brave :

— Je suis le futur roi. Par conséquent, vous ne pouvez rien me faire !

— Il vient me dire ce que j'ai à faire ou pas, pouffa Shenzi. Il me semble flairer un peu de la force de son père en lui. Je me demande quel goût il aura...

Elle s'avança, les babines retroussées. Simba reculait. Il sentait le souffle de la hyène sur sa joue, voyait la bave qui dégoulinait de ses crocs. Il ferma les yeux...

— Laissez-les, Shenzi !

Simba rouvrit les yeux. Il n'avait jamais été aussi heureux d'entendre la voix de Zazu. En effet, le majordome de Mufasa vint se poser devant Nala et lui. Déployant ses ailes au maximum, il cacha les deux lionceaux à la vue de Shenzi.

— Ils ont commis une erreur, poursuivit l'oiseau. Une terrible erreur. Mais si vous les dévorez, ce sera comme si vous déclariez la guerre à Mufasa !

— Les hyènes et les lions sont en guerre depuis l'aube des temps, répliqua Shenzi, guère impressionnée par la menace du calao. Mais c'est ici que va s'arrêter la lignée de Mufasa.

Quelques pas encore. Un geste de la tête pour indiquer aux autres hyènes de passer à l'action. Zazu pouvait bien multiplier les avertissements : elles étaient déterminées à tuer Simba. Quitte à déclencher une guerre.

Alors Zazu ramena ses ailes contre son corps et tourna la tête vers les lionceaux.

— Fuyez ! leur ordonna-t-il.

Simba n'eut pas besoin qu'on le lui dise deux fois. Il pivota sur ses pattes arrière et décampa, imité par Nala.

Simba courait aussi vite qu'il pouvait. Son cœur martelait sa poitrine dans ce labyrinthe de rochers. Nala le suivait toujours, le souffle court.

Ça n'était pas comme ça qu'il avait imaginé leur visite au cimetière des éléphants. Simba avait agi par simple curiosité. Et aussi pour avoir une anecdote à raconter à ses amis. Il n'avait jamais voulu mettre en danger Nala et Zazu, et encore moins servir de repas à une hyène. S'ils se sortaient vivants de cette aventure, il allait avoir droit à une sacrée engueulade. Cette pensée l'aiguillonna, il accéléra encore. Tout en courant, il guettait une cachette ou une issue.

Avisant un trou à quelques pas de là, Simba s'y dirigea aussitôt. Ça n'était pas l'idéal, mais ça vaudrait toujours mieux que de rester à découvert.

— Suis-moi ! lança-t-il à Nala juste avant de se jeter la tête la première dans l'ouverture.

À l'intérieur, il faisait sombre, une puissante odeur de hyène lui agressa le museau. Simba grimaça quand sa patte se posa dans une matière collante. Il ne s'arrêta pas pour autant, et s'enfonça dans les ténèbres. D'autres trous apparurent dans les parois et le plafond. Les deux félins s'étaient engagés dans un réseau de tunnels et de tanières. Ils entendaient les rires sinistres des hyènes qui résonnaient dans les passages. Ces créatures pointaient leur tête aux petites ouvertures pour tenter de les capturer. Chaque fois, elles échouaient de peu.

Au détour d'un virage, Simba et Nala se figèrent. Ils avaient devant eux un bébé hyène. L'espace d'un instant, les trois petits échangèrent des regards stupéfaits. Le bébé hyène ouvrit de grands yeux et inclina la tête. Simba s'apprêtait à lui sourire, lorsque la créature montra les crocs. Les deux lionceaux bondirent en arrière en hurlant. Le bébé voulait les croquer lui aussi !

Alors ils reprirent leur course folle, talonnés à présent par le bébé hyène. Simba scrutait dans tous les sens. Hélas, où qu'il regarde, il n'apercevait que de nouvelles tanières. Le domaine des hyènes était sans issue ! Il était sur le point de perdre espoir quand Nala l'interpella. Levant les yeux, Simba aperçut un rayon de lumière. La sortie !

Un dernier effort, et les deux amis jaillirent dans le soleil couchant. Ils ne ralentirent pas pour autant, et mirent le cap sur la colline qui se dressait tout au bout du cimetière. Derrière eux, ils entendaient les rires des hyènes qui se rapprochaient.

Dès qu'ils furent au pied de la colline, Simba s'engagea sur la pente raide. Hélas, ses petites pattes n'accrochaient pas à la roche lisse et glissante. Nala n'avait pas plus de succès. Impossible de repartir par où ils étaient arrivés !

Simba se retourna lentement, la gorge nouée. Non seulement ils étaient coincés, mais ils allaient devoir affronter toute une meute de hyènes affamées.

Il interrogea du regard Nala. Son amie tremblait, les yeux écarquillés de peur. Jamais il ne l'avait vue aussi terrorisée. Simba prit une longue inspiration – lui-même sentait sa peur se décupler. Tout était de sa faute. C'était lui qui les avait attirés dans ce guêpier. C'était à lui de les en tirer – ou du moins d'essayer.

Simba se cala devant Nala, face aux hyènes, raidit ses pattes et gonfla sa poitrine. Puis il inclina la tête en arrière, et rugit. Enfin, il *tenta* de rugir. Car il n'était encore qu'un lionceau… Les respirations lourdes des hyènes le couvrirent facilement.

Et ces monstres partirent aussitôt d'un rire hystérique. Certaines se roulèrent par terre en se tenant le ventre, d'autres se contentaient de s'égosiller. Kamari, le plus robuste et méchant des deux sbires de Shenzi, désigna d'une patte Simba et s'écria :

— Vous l'avez entendu, le futur roi ?

Et il s'écroula de rire.

— Je tremble, dis donc ! ironisa Azizi. Rugis encore, pour voir !

Simba grogna tout bas. Ces créatures se moquaient de lui ? Très bien. Il allait leur montrer. Il ouvrit grand la gueule, et rugit de nouveau.

Sauf que cette fois, ce fut un rugissement colossal. Un rugissement qui fit trembler le sol, et secoua toutes les hyènes. Simba referma la bouche en devinant *qui* venait de rugir.

Il pivota sur lui-même et aperçut son père qui chargeait depuis une saillie rocheuse qui les surplombait. Dans un éclair rouge et or, Mufasa dévala la pente de la colline et se jeta au milieu des hyènes. Il joua des crocs et des griffes, projeta les charognards dans tous les sens. Simba observait, admiratif, son père qui repoussait à lui seul cette armée de hyènes.

Voyant ses collègues s'enfuir les unes après les autres, Shenzi s'avança. Les babines retroussées, elle s'efforçait d'imposer le respect à Mufasa. Mais celui-ci ne se laissa pas impressionner. Au contraire, il frappa Shenzi à une patte, la projetant à dix pas de distance. Puis il marcha vers elle, l'obligeant à battre en retraite, s'acculer à un rocher.

Elle était coincée à son tour.

Mufasa plongea dans ses yeux un regard empli de haine.

— La prochaine fois que vous approchez mon fils… menaça-t-il.

— Non, Mufasa, ça ne se reproduira pas, se défendit piteusement la hyène. Plus jamais. C'est promis.

— Tiens-toi-le pour dit, Shenzi.

Mufasa se tourna ensuite vers les autres hyènes qui n'avaient pas encore fui. Il ne leur dit rien, ça n'était pas utile. Ces bêtes coururent se réfugier dans leurs abris. Shenzi fut la dernière à partir. Elle se leva, tête basse, et s'en alla en boitant.

Mufasa s'intéressa alors à son fils. Simba se faisait tout petit.

— Papa, je... bredouilla-t-il, les larmes aux yeux. Je te demande pardon...

— Ça suffit, rentrons, répliqua le roi en lui tournant le dos.

Le menton contre la poitrine, Simba marcha derrière lui. Nala voulut le réconforter, mais il la repoussa. Il ne le méritait pas. Il avait déçu son père. Et cela l'effrayait davantage qu'une meute de hyènes.

CHAPITRE SEPT

Le soleil se glissait derrière l'horizon quand la petite troupe regagna la Terre des Lions. La savane était un feu d'artifice : la nature semblait la proie des flammes, dans ce carnaval de rouge, d'orange et d'or. Des troupeaux de bêtes rentraient sans hâte se coucher, les paupières lourdes et le ventre plein. D'habitude, c'était le moment de la journée que Simba préférait.

Mais pas ce soir.

Ce soir, il épiait son père. Mufasa avait la démarche encore raide, pleine de colère. Simba savait qu'il était inutile de s'excuser encore. Il avait trahi sa confiance.

— Zazu, prononça Mufasa, reconduis Nala chez elle.

Simba redressa la tête brusquement. Le roi s'était arrêté de marcher, le regard fixé au loin. Inquiet,

Simba échangea un rapide coup d'œil avec Nala. Celle-ci haussa les épaules, ne sachant trop non plus ce qui les attendait.

— Bien, sire, acquiesça Zazu. (Une pause, puis il ajouta :) Dois-je emmener également Simba ?

— Non, répondit Mufasa, mon fils a besoin d'une leçon.

Simba sentit sa gorge se nouer. Mais à sa grande surprise, Zazu prit sa défense.

— Ne soyez pas trop dur avec lui, sire. Je me souviens d'un lionceau particulièrement têtu, qui s'attirait des ennuis du matin au soir. Il me semble qu'il a plutôt bien tourné, je me trompe ?

Pour la première fois depuis qu'ils avaient quitté le cimetière, Simba crut apercevoir une lueur dans les yeux de son père.

— Tu me connais trop bien, Zazu, déclara le roi d'une voix adoucie. (Puis, se tournant vers Simba, il lui ordonna :) Approche.

Le lionceau se recroquevilla dans l'herbe. Pourquoi ? Il l'ignorait. Son père le voyait toujours. Il n'était pas devenu invisible. Pourtant, il resta allongé la tête sur les pattes avant, les yeux baissés. Et tandis que Zazu et Nala s'éloignaient, lui demeura silencieux.

— Simba !

La voix de son père rompit le silence. Le petit rampa sur quelques centimètres. Quand Mufasa l'appela de nouveau, il se leva de mauvaise grâce et s'avança vers lui. Il l'avait presque rejoint, lorsqu'il trébucha. Il avait mis une patte, sans le voir, dans une empreinte laissée par son père. Il se sentit minuscule, par comparaison.

Simba redressa la tête ; Mufasa le toisait. La crinière luisante du roi rougeoyait dans le soleil couchant, diffusait des ombres cramoisies sur son corps musclé. Ses yeux marron foncé se rivèrent sur ceux de Simba. Quand enfin il prit la parole, ce fut d'une voix calme, dépourvue d'émotions :

— Tu m'as désobéi délibérément.

— Je sais, convint Simba.

Tout à coup, ce fut comme si une digue avait cédé, Mufasa laissa libre cours à ses émotions :

— Tu aurais pu te faire tuer ! Pire encore tu as mis Nala en danger ! Comprends-tu bien tout ce qui était en jeu ? Tu as mis en péril l'avenir de notre tribu !

Les larmes inondèrent les joues de Simba. À aucun moment il n'avait voulu mettre en péril la tribu, ou faire du mal à Nala. Il n'avait voulu faire souffrir personne.

— Je voulais te montrer de quoi j'étais capable, se défendit-il d'une toute petite voix. Essayer d'être brave comme toi.

Mufasa resta un long moment sans répondre. L'inquiétude et les remords rongeaient Simba. Mettre son père en colère était une chose… Mais si le roi refusait désormais de lui adresser la parole, ce serait la pire des punitions. Son père était son univers tout entier. Il était tout, pour lui. Simba mourrait, s'il était privé du son de sa voix. Le lionceau s'apprêtait à le supplier de parler, quand Mufasa le devança :

— Je ne suis brave que lorsqu'il le faut. Quand je n'ai pas le choix.

Simba inclina la tête de côté. *Quand je n'ai pas le choix.* Il se répéta ces mots dans sa tête. Pas le choix ? Pourtant, son père se montrait brave en toutes circonstances…

— Mais toi tu n'as peur de rien, argumenta-t-il.

— Aujourd'hui si, j'ai eu peur, avoua Mufasa d'une voix attendrie.

— Ah oui ? s'étonna Simba.

— Oui. J'ai eu peur pour toi.

Simba sentit son ventre se dénouer : ça n'est pas la déception qui avait provoqué la colère de son père. Mufasa s'était emporté par amour. Un petit sourire étira les lèvres de Simba.

— Alors même les rois ont peur ? voulut-il clarifier.

— Et plus encore que tu ne l'imagines, confirma son père en souriant à son tour.

— Mais tu sais quoi ? embraya Simba. Je crois que les hyènes ont eu plus peur que toi.

Quand Mufasa éclata d'un rire de titan, Simba se sentit libéré d'un poids. Un soupir de soulagement, puis lui aussi se mit à rire. Il avait commis une énorme erreur. Mais tout allait s'arranger. Son père et lui n'étaient pas brouillés.

— Sache que personne ne peut défier ton père, insista Mufasa.

Puis il fit signe à Simba d'approcher encore, et il l'enlaça. Père et fils restèrent ainsi longuement. Tous deux songeaient qu'ils avaient été près de ne plus jamais pouvoir vivre ces moments-là. Enfin, dans un grondement rieur, Simba agrippa son père par la crinière.

Les deux félins roulèrent l'un sur l'autre dans l'herbe tiède alors que le soleil jetait ses derniers feux, et que les premières étoiles apparaissaient dans le ciel. Les rires des deux lions se mêlèrent aux derniers chants des oiseaux ; un éléphant solitaire trompéta un « bonne nuit ». Alors Simba se hissa sur la poitrine de Mufasa.

Poitrine dont les mouvements berçaient et réconfortaient le lionceau. Toute la peur et la peine qu'il avait pu éprouver s'effaçaient auprès de son père, dans ce silence.

— Papa, on est super copains ? finit par demander le lionceau d'une voix toute douce.

— Oui, affirma Mufasa.

— Et rien ne nous séparera jamais ?

Au grand étonnement de Simba, son père ne répondit pas tout de suite. Il réfléchit. Puis soupira. Enfin, il regarda son fils droit dans les yeux et lui dit :

— Simba... je vais te raconter ce que me disait mon père. Regarde le ciel.

Simba s'allongea sur le dos sans descendre de la poitrine de son père. Et il observa le ciel. Les étoiles y formaient une nappe scintillante. Par contraste, la savane n'en paraissait que plus sombre encore, plongée dans le noir mais tranquille en apparence. Simba savait pourtant que des bêtes étaient tapies dans les hautes herbes et les plus grands arbres.

— Les rois des siècles passés nous contemplent du haut des étoiles, indiqua Mufasa, le regard toujours braqué vers le ciel.

Simba s'efforçait d'apercevoir les monarques parmi les étoiles. Il ne distingua rien, hormis ces points de lumière, et la lune.

— C'est vrai ? hésita-t-il.

— Oui, assura Mufasa. Chaque fois que tu te sentiras seul, n'oublie pas que tous ces rois seront là pour te guider. (Une pause.) Et que je serai parmi eux.

— M'enfin, papa, je ne les vois pas... s'inquiéta le lionceau.

Et que je serai parmi eux. Pourquoi son père avait-il ajouté ces mots ? Et d'une voix si triste, en plus, que Simba lui-même en eut le cœur gros. Comme si son père savait une chose que lui-même ignorait.

Mufasa le caressa du bout du museau.

— Regarde encore, fils. Regarde encore.

Ensemble, le roi et le futur roi levèrent la tête et contemplèrent le ciel. Simba ne comprenait pas bien ce que lui disait son père – il ne voyait toujours rien d'autre que des étoiles dans le ciel – mais ça n'avait aucune importance. Il avait confiance en son père. Surtout, il l'aimait plus que tout. Peu importait ce qui les réunissait ainsi sous les étoiles. Ce qui comptait, c'est qu'ils étaient ensemble. Et que cela ne changerait jamais.

CHAPITRE HUIT

Shenzi était furieuse. Quel culot, ce Mufasa ! Oser débarquer chez elle et exiger son respect ! Alors que c'est bien son fils qui avait pénétré sans autorisation sur ses terres. En tant que reine, elle avait le droit de punir ce gosse comme bon lui semblait. De le dévorer, même, si elle le souhaitait. Pourtant, elle se retrouvait avec une nouvelle blessure à la patte, tandis que Mufasa et Simba regagnaient indemnes la Terre des Lions. La hyène plissa les yeux en léchant sa plaie. Non, vraiment, ça n'était pas juste.

Shenzi inspecta son antre. Sa grotte, la plus vaste de toutes celles du cimetière, pouvait accueillir une bonne demi-douzaine de hyènes. La reine y recevait des visiteurs régulièrement, entre autres Kamari et Azizi. Ces deux-là étaient justement assis sous la saillie rocheuse où se prélassait Shenzi. Ils se chamaillaient. Shenzi ne les écoutait pas vraiment, préférant s'occuper de sa blessure. Kamari et Azizi brillaient plus par leurs qualités de chasseurs que par leur intelligence.

— La prochaine fois que Mufasa se pointe, menaça Kamari, je lui donnerai une leçon qu'il n'oubliera pas de sitôt.

— Tu veux lui apprendre quoi, exactement ? répliqua Azizi, qui n'avait pas compris la formule. Il est roi - il sait déjà tout...

— Je ne parlais pas d'une vraie leçon, soupira Kamari.

Mais Azizi ne comprenait toujours pas :

— Si, apprends-lui donc nos méthodes pour chasser les bêtes malades et blessées !

— Ce que je voulais dire, précisa Kamari en s'efforçant de garder son calme, c'est qu'il va payer pour ce qu'il nous a fait.

Azizi ouvrit de grands yeux - il avait capté le message ! Puis il afficha un large sourire et glapit de joie.

— Alors tu as de la veine, enchaîna-t-il. Le voilà justement qui revient.

Shenzi redressa instantanément la tête, les poils de sa nuque se dressèrent. Elle scruta dans la direction qu'indiquait Azizi et distingua les contours flous d'un lion qui s'avançait dans la pénombre de la grotte. À gestes lents, la reine se releva et se dirigea vers l'ouverture. Par contraste avec le soleil qui brillait dehors, l'obscurité de la grotte parut renforcée. Et la silhouette du félin se précisa à mesure qu'il approchait. Shenzi plissa les paupières, retroussa les babines. Le lion marchait d'une allure nonchalante, comme s'il se moquait de pénétrer dans le repaire de hyènes rageuses et affamées.

Shenzi secoua la tête. Elle connaissait Mufasa. Ce n'était pas lui qui s'avançait d'une démarche ondulante, tête basse, crinière dégarnie. Mufasa, lui, dégageait une autorité naturelle ; le menton toujours haut. Derrière ce visiteur, d'autres hyènes pointaient le museau hors de leur tanière, montraient les crocs, grondaient et sifflaient. Peu à peu, elles encerclèrent le félin.

Quand celui-ci sortit enfin de l'ombre, Shenzi haussa un sourcil. Elle avait bien deviné, ça n'était pas Mufasa. Ça n'était que son frère, Scar. Elle inclina la tête, garda ses distances et attendit que celui-ci prenne la parole. Elle n'était toutefois pas stupide : elle signala à ses sbires d'être prêts à bondir. Au moindre mouvement suspect, Scar leur servirait de repas à la place de Simba.

— Bande d'imbéciles, vous avez dévoré toutes les créatures qui vivaient sur votre territoire, tonna Scar en promenant son regard dans cette grotte sombre pleine de restes de repas. Et lorsque je vous sers deux lionceaux sur un plateau, vous vous débrouillez pour les laisser échapper.

— On n'a qu'à te dévorer toi, à la place, suggéra Kamari dans un haussement d'épaules.

— Pourquoi se contenter d'une seule proie, répliqua Scar sans sourciller, alors que vous pourriez avoir de quoi festoyer jusqu'à la fin de vos jours ?

Sitôt que ce lion avait pris la parole, Shenzi avait grimacé. Scar ne valait pas mieux que son frère : il débarquait chez ses hyènes et elle, se moquait de leur antre et de leurs talents de chasseuses. Mais cette idée de festoyer jusqu'à la fin de leurs jours... Voilà qui l'intriguait.

— Qu'as-tu à nous offrir ? demanda-t-elle, soupçonneuse.

— Un territoire où vous pourrez tuer et manger toutes les bêtes que le soleil baigne de ses rayons, répondit Scar.

Shenzi éclata de rire.

— Tu n'as aucune autorité pour nous céder la Terre des Lions, rappela-t-elle. Ces territoires de chasse sont sous le contrôle du roi.

Or les hyènes savaient parfaitement qu'il ne fallait pas provoquer Mufasa. Qu'elles n'avaient pas le droit de pénétrer dans son royaume.

— C'est bien pour cela que nous allons le tuer.

Le rire s'étrangla dans la gorge de Shenzi. À ses côtés, Kamari et Azizi échangèrent des murmures angoissés.

— Ne me prends pas pour une idiote, finit par cracher la reine. Les lions et les hyènes sont ennemis depuis la nuit des temps. Jamais tu ne te rallieras à nous !

— Mes semblables vous détestent, certes, nota Scar. Mais moi, votre appétit, je l'appelle « ambition ». Quand je serai roi, je n'empêcherai aucune créature de profiter de sa force.

Shenzi secoua la tête et regagna sa saillic rocheuse. Scar pouvait bien rêver d'être roi, Mufasa était trop puissant. Surtout avec les lionnes à ses côtés. Dès que les hyènes poseraient une patte sur la Terre des Lions, elles seraient attaquées, repoussées. Le projet de Scar était insensé. Shenzi le lui affirma par-dessus son épaule.

— Mon frère a aujourd'hui une faiblesse qu'il n'avait pas hier, observa Scar. Une faiblesse qui trouble son jugement...

Shenzi se figea. Sa patte blessée l'élançait. Elle inspecta sa plaie. Scar avait vu juste. Mufasa avait bien une faiblesse, qui le poussait à agir sans réfléchir, à prendre des risques inutiles.

— Simba, prononça-t-elle en se retournant vers le lion.

— Lui-même, approuva ce dernier.

Un sourire étira lentement les babines de Shenzi. Le projet de Scar n'était peut-être pas si insensé que ça, finalement. Il y avait peut-être un moyen de s'emparer de la Terre des Lions – et d'oublier à tout jamais la faim.

— Qu'attends-tu de nous ? interrogea la reine alors que ses hyènes glapissaient de joie autour d'elle.

— Une seule chose, révéla Scar avec un sourire aussi diabolique que le sien. Je vous demande de vous tenir prêtes.

Simba et son père étaient rentrés très tard. Un bain expédié, un dîner avalé, et le lionceau s'était endormi avant même d'avoir pu se coucher. Et le matin était arrivé bien trop vite à son goût !

Il bâilla. Allongé au soleil, à l'écart des autres petits, il épiait les murmures de sa mère et des autres lionnes. Simba dressa l'oreille quand il entendit son nom. Il voulut distinguer leurs paroles, mais n'en capta que des bribes. Suffisamment toutefois pour comprendre que Sarabi racontait son aventure au cimetière des éléphants.

Simba sentit les regards des lionnes braqués sur lui, alors il se leva et descendit du Rocher. Il pourrait finir sa nuit au pied du Rocher, sans subir les reproches muets des adultes. C'est alors que, à sa grande surprise, il croisa le chemin de son oncle. Scar se tenait à l'entrée de la grotte, comme s'il l'attendait. Dès qu'il l'avisa, il lui fit signe de le suivre.

Voilà comment Simba se retrouva à cheminer dans le canyon qui traversait la Terre des Lions. Scar l'accompagnait de sa démarche sournoise. Son pelage fauve se confondait avec les parois du canyon. Simba se demandait pourquoi son oncle l'avait conduit là.

— J'ai appris, pour ta grande aventure d'hier, déclara soudain Scar.

Ces mots dits, il posa son regard sur Simba. Le lionceau voûta les épaules. Les lionnes n'étaient donc pas les seules à être au courant...

— Mon père était très fâché après moi, acquiesça Simba.

Furieux, même, ajouta-t-il à part. *Mais inutile de le révéler à Scar. Il le sait peut-être déjà, d'ailleurs.* Décidément, il était difficile de faire quoi que ce soit dans la Terre des Lions sans que tout le monde l'apprenne très vite. Simba culpabilisait encore d'avoir déçu son père mais, quelque part, il avait aussi l'impression d'avoir déçu toutes les bêtes du royaume.

Toutefois, à sa grande surprise, Scar ne l'interrogea pas davantage. Au lieu de cela, il lui proposa un moyen de tout arranger.

— Je pense savoir comment tu pourrais te faire pardonner, affirma-t-il.

Au-dessus de leurs têtes, les oiseaux n'étaient que de tout petits points dans le ciel. Des tourbillons de sable trahissaient le passage d'un animal. En dehors de cela, le calme absolu régnait. Simba leva les yeux vers son oncle, interloqué. De quoi parlait-il ? Comme s'il lisait dans ses pensées, Scar poursuivit :

— Un petit cadeau grâce auquel ton père oubliera toute cette histoire.

— Mais c'est le roi, répliqua Simba en inclinant la tête. Qu'est-ce que je pourrais bien lui offrir, il a déjà tout ?

— Ton rugissement.

— Mon rugissement ?

Scar hocha la tête. Là, comme pour appuyer son propos, il bondit vers un petit arbre, et fit s'envoler un groupe d'oiseaux. Les parois du canyon renvoyèrent les bruits de leurs ailes : on aurait dit qu'ils étaient des centaines, et non une petite dizaine.

— Tu as entendu ? demanda Scar. C'est ici même, que les lions viennent trouver leur rugissement.

Simba ouvrit de grands yeux. Il pourrait trouver son rugissement ? Ce serait formidable. Il se rappela sa piteuse tentative au cimetière des éléphants. S'il parvenait à développer son rugissement, son père serait sûrement impressionné. Mais soudain, un doute l'envahit. Il n'avait jamais entendu dire que les lions venaient s'entraîner ici.

— Tous les lions ? voulut-il clarifier. Même mon père ?

— Même Mufasa, oui, confirma Scar. Il est venu ici quand il avait ton âge, et n'en est reparti que lorsque son rugissement pouvait atteindre le sommet du canyon !

Simba leva la tête. Le sommet était vraiment très haut. Les oiseaux que Scar avait effrayés ne l'avaient pas encore dépassé.

— Tout là-haut ? fit-il.

La performance lui semblait impossible.

— À ce moment-là, tu sauras que tu as trouvé ton rugissement, insista Scar. Avec un peu d'entraînement, plus personne ne t'appellera « lionceau ».

Plus personne... Ça oui, ça serait un cadeau formidable à offrir à son père. S'il pouvait lui prouver qu'il avait retenu la leçon, et qu'en plus il avait trouvé son rugissement, Mufasa serait forcément fier de lui. Trépignant d'impatience, Simba annonça :

— Super idée ! Je commence tout de suite ! Écoute un peu !

Le lionceau prit une grande inspiration, étira son cou, et rugit. Un cri minuscule qui ricocha une fois, deux fois entre les parois du canyon. Puis mourut. L'enthousiasme de Simba pâlit un peu à ce premier échec.

— Ne te décourage pas, intervint Scar. Cela prend du temps. Entraîne-toi, je repasserai juger tes progrès.

Il s'en allait déjà, quand Simba le rappela :

— Papa sera très fier de moi, pas vrai ?

Scar s'arrêta, tourna la tête et répondit :

— C'est un cadeau qu'il n'oubliera jamais.

Un dernier adieu, et il reprit sa route.

Simba le regarda s'éloigner. Son oncle avait eu une drôle de façon de le regarder. Un peu comme si Scar savait une chose que lui, Simba, ignorait. Mais le lionceau chassa cette idée. Ça n'était sans doute pas grand-chose. Il ne connaissait pas assez bien son oncle pour décrypter ses attitudes. En plus, Scar lui avait offert une idée du tonnerre.

Tandis qu'il retournait au pied de l'arbre où Scar avait effrayé des oiseaux, Simba avisa un tout petit caméléon, dont les écailles n'imitaient pas tout à fait l'écorce du tronc. Le lionceau s'approcha en rampant, les yeux rivés sur sa proie. Quand ses pattes rencontrèrent une racine de l'arbre, il leva la tête et poussa un rugissement.

Le caméléon ne réagit même pas. Il se contenta de passer son chemin.

Simba plissa les yeux. Le caméléon ne tremblait pas, hein ? Il allait lui faire entendre un vrai rugissement d'adulte. De nouveau, il inspira à fond puis, de toutes les forces de son corps, il rugit.

Le cri résonna entre les parois du canyon, rebondit sur les rochers plats aux tons de rouille. Simba sourit quand le caméléon se figea.

— Tu as peur, hein ?

Il rugit encore.

Cette fois, le caméléon vira au vert et dévala le tronc d'arbre pour aller se cacher sous un caillou. Simba en éprouva comme un malaise. Il n'avait pas rugi si fort que cela. À moins que...

Tout à coup, il s'aperçut qu'il n'entendait plus l'écho de son rugissement. Celui-ci était noyé par un vacarme assourdissant. Une espèce de tonnerre, mais encore plus puissant que tous les tonnerres que Simba avait pu entendre. Il guetta d'éventuels nuages noirs à l'horizon. Et il ouvrit des yeux comme des noix de coco. Le ciel était noir, en effet, au sommet du canyon. Mais pas à cause des nuages.

Un troupeau de gnous déboulait. Des centaines de bêtes au grand galop, adultes et petits. Simba ne voyait qu'une gigantesque masse de poussière, de bruit et de sabots meurtriers – qui fondait vers lui.

Le lionceau pivota sur lui-même. Et prit ses pattes à son cou.

CHAPITRE NEUF

Immobile, Mufasa inspectait l'horizon. Sa patrouille n'avait jusqu'à présent relevé aucune anicroche, hormis un éléphant furieux à calmer, et une dispute à régler entre deux familles de suricates. En dehors de ça, la savane avait été paisible, et Mufasa profitait du soleil et du silence – chose vraiment rare, pour lui. Il sourit en repensant à Simba. Tous deux avaient été bien secoués par leur aventure chez les hyènes. Mais par la suite, quand Mufasa avait répété à son fils les paroles de son père, l'histoire des anciens rois et des étoiles, sa colère avait passé.

Tout à coup, il perçut du mouvement au loin. Le roi leva la tête. Son sourire s'envola sitôt que son regard capta un nuage de poussière qui montait du canyon.

Des battements d'ailes l'avertirent de l'arrivée de Zazu. Il sut ce qui se passait avant même que son majordome ait ouvert le bec. Il le laissa malgré tout faire son rapport.

— Sire, prononça le calao. Les gnous se déplacent.

— Je sais, acquiesça Mufasa.

Étrange, pourtant... Le troupeau venait de s'établir dans ses pâturages d'été. Quelle raison pouvaient-ils avoir de s'en aller ?

C'est alors que Scar surgit d'entre les herbes, il accourait vers Mufasa et Zazu aussi vite que ses pattes rachitiques le lui permettaient. S'arrêtant dans une glissade, tout essoufflé et les yeux fous de panique, il s'écria :

— Mufasa ! C'est la débandade dans le canyon, viens vite !

Il s'interrompit. Un bref instant, mais cela suffit pour que Mufasa redoute le pire. Et justement, Scar ajouta :

— Simba est en danger.

— Simba ? répéta Mufasa.

Ses pires craintes étaient confirmées.

Le roi réagit au quart de tour, et s'élança vers le canyon. Au-dessus de lui, Zazu volait à tire-d'aile au secours du lionceau.

Simba courait lui aussi. Mais il n'était pas assez rapide pour distancer les gnous en furie. Un lion adulte aurait peut-être eu une chance, mais pas un lionceau.

Ses petites pattes volaient sur le sol secoué par la folle cavalcade des gnous. Il franchit un virage. La poussière emplissait l'air. Soudain, un gnou dépassa Simba et faillit le percuter. Le petit félin repéra au passage une branche d'arbre qui surplombait le terrain. Une branche morte qui lui permettrait peut-être d'échapper à la mort. Un dernier effort, et il se projeta dessus, s'y cramponna de toutes ses forces.

Sous lui, la poussière s'épaissit, le troupeau déboulait. Chaque bête qui passait secouait la branche, Simba hurlait de peur. *Comment vais-je me sortir de là ?* désespérait-il. S'il survivait à cette épreuve, plus jamais il ne s'éloignerait du Rocher des Lions.

C'est alors qu'il remarqua une tache de couleur dans toute cette poussière. Une tache qui grossit, grossit, jusqu'à ce que Zazu surgisse :

— ZAZU ! s'égosilla Simba.

— ACCROCHE-TOI ! lui lança le calao.

Je n'ai pas franchement le choix, faillit lui rétorquer Simba. Mais il se retint. Zazu venait l'aider. Autant écouter son conseil. Il obéit donc, tandis que l'oiseau repartait vers le sommet du canyon. Simba poussa un cri de joie en repérant son père et son oncle. *Scar a dû les prévenir,* devina-t-il. Oubliant la surprise qu'il voulait faire à Mufasa, le lionceau se réjouissait que celui-ci vienne à sa rescousse.

Mais Mufasa restait immobile. La pente était trop raide. Il allait devoir passer par l'entrée du canyon.

Et le temps qu'il y parvienne, la branche morte serait sûrement pulvérisée. Et Simba avec.

Voilà soudain Mufasa qui jaillit par-dessus le canyon et atterrit sur la paroi opposée. Sans perdre une seconde, le roi entreprit de descendre par ce côté-là, bien plus praticable. Dès qu'il fut au fond du canyon, il s'élança vers son petit.

La branche grinça, elle ne tiendrait plus longtemps, quand tout à coup Mufasa se projeta sur un petit plateau face à son fils.

— J'arrive, Simba ! cria-t-il d'une voix grave qui parvint à dominer la cavalcade des gnous.

Mufasa plissa ensuite les yeux en scrutant l'océan des herbivores en folie. Simba connaissait ce regard. Son père préparait un plan. Et il avait vu juste : l'instant d'après, Mufasa se jeta au cœur de la mêlée. Jouant des épaules au milieu des gnous, il fonçait droit vers son fils.

Au sommet du canyon, Zazu suivait l'opération, terrorisé. Les gnous étaient trop fous. Trop énormes. S'ils ne se calmaient pas, Mufasa et Simba étaient perdus.

— Je vais les aider, Zazu ! lança soudain Scar. Toi, va prévenir la tribu !

Zazu sursauta. Il avait presque oublié la présence de ce lion qui ne lui inspirait aucune confiance. Toutefois, son idée était bonne. Les lionnes réussiraient peut-être à repousser les gnous. Alors il hocha la tête et s'envola vers le Rocher.

Scar le suivit des yeux, un sourire maléfique pointa au coin de ses babines. *C'est ça, misérable volatile,* songea-t-il. *Va-t'en. Je m'occupe de Mufasa.* Son sourire s'élargit. Son plan se déroulait à merveille. Les hyènes avaient rempli leur rôle, provoqué la cavalcade des gnous. Quant à Simba, il avait été d'une naïveté stupéfiante. Oui, Scar allait s'occuper de Mufasa. Et ensuite, il allait s'occuper de son royaume... dont il serait le nouveau roi.

Mufasa était presque à l'arbre mort quand soudain il rugit de douleur : un gnou venait de le percuter par le flanc. Il lut la peur dans les yeux de son fils, et observa que la branche se fissurait. Le temps pressait. Mais chaque fois qu'il progressait d'un mètre, un gnou le repoussait de deux. Et les forces commençaient à lui manquer.

Oubliant la souffrance, Mufasa se servit de sa tête comme d'un bélier pour dégager deux gnous de son passage. Il touchait au but, quand horreur ! un gnou fracassa la branche. Simba fut propulsé dans les airs. Il allait retomber au milieu de la cavalcade !

Sans hésiter une seule seconde, Mufasa bondit, la mâchoire grande ouverte, et saisit son fils au vol. Un bref instant, le roi respira. Il tenait son petit. Tout allait bien se terminer.

Hélas, un gnou le percuta encore.

Les poumons vidés, Mufasa lâcha Simba. Le lionceau s'écroula et partit en roulé-boulé au milieu des sabots en furie. Mufasa secoua la tête puis se dirigea vers Simba. Il le récupéra et, avisant une saillie rocheuse en hauteur, il l'y déposa. Simba ne craignait plus rien. Hélas le perchoir n'était pas assez grand pour l'accueillir. Il allait devoir s'en trouver un autre.

— Ne bouge pas de là, fils ! ordonna-t-il.

Simba hocha la tête et s'apprêtait à répondre, mais il n'en eut pas le temps, qu'un gnou renversa Mufasa. Le roi disparut dans la marée des herbivores.

Le malheureux ne voyait que des éclairs bleus et marron dans la roulade sans fin qu'il effectuait entre pattes et sabots. Assourdi par le tumulte, presque étouffé par la poussière, il ne parvint à entendre qu'un seul mot. « Papa ! » Le cri de Simba lui fournit une ultime réserve de force.

Mufasa se redressa puis jaillit de la masse des gnous et fonça vers une paroi du canyon. Blessé, en sang, il planta ses griffes dans la roche. Le souffle saccadé, il resta un moment suspendu dans le vide, incapable de se hisser davantage. C'est alors que, du coin de l'œil, il repéra Simba qui l'observait. Il ne pouvait pas renoncer maintenant. Alors, centimètre par centimètre, il gagna du terrain. Ses pattes tremblaient, sa vue se troubla, mais il poursuivit son effort jusqu'à ce que, enfin, une brise lui ébouriffe la crinière. Il avait presque atteint le sommet. Des pattes arrière, il chercha à prendre appui contre la paroi.

Des bruits de pas lui parvinrent alors. Il leva la tête et croisa le regard d'une créature qui l'observait depuis le sommet.

— Scar ! Mon frère ! Aide-moi...

Hélas, à sa grande stupeur, Scar n'esquissa pas un geste. Il le toisait comme il aurait toisé un étranger. Grognant sous l'effort, Mufasa réussit à basculer une patte sur le sommet.

Scar se décida alors à agir. Sauf qu'au lieu de porter secours à son frère, il ficha ses griffes dans les pattes de Mufasa. Celui-ci poussa un cri de surprise et de douleur.

— Longue vie au roi, siffla Scar.

Et là, comme s'il chassait une mouche, il gifla son frère, qui chuta dans le vide, dans les tourbillons de poussière, droit dans la cavalcade mortelle des gnous.

CHAPITRE DIX

— PAPA !

Simba suivit du regard son père qui tombait du haut du canyon. Un instant, il avait cru que c'était gagné, que Mufasa avait pu atteindre le sommet. Il l'avait vu s'agripper au bord de la paroi, tenter une dernière poussée des pattes arrière pour se mettre en sûreté. Simba avait failli lâcher un cri de triomphe.

Mais le triomphe s'était changé en horreur quand Mufasa avait fait le grand plongeon. Simba suivit du regard la chute de son père, vit l'immense nuage de poussière l'engloutir. Il fixait encore des yeux l'endroit où Mufasa avait disparu, quand la masse des gnous s'éclaircit, et que la cavalcade prit fin.

Lorsque les derniers bruits de sabots se furent estompés, Simba bondit de son perchoir et accourut là où il avait vu son père chuter. Hélas, si les gnous avaient disparu, la poussière n'était pas encore retombée, et elle le gênait pour voir. Simba fouillait le fond du canyon, fou de désespoir, croyait voir la silhouette de son père dans chaque rocher ou monticule de terre. Il eut beau appeler « Papa ! » à tue-tête, il n'obtint pour toute réponse que l'écho de sa voix.

Mais tout à coup, un autre bruit lui parvint. Simba se tourna dans cette direction. « Papa ? » essaya-t-il encore. Malheureusement, quand la poussière retomba, il découvrit que ça n'était qu'un pauvre gnou isolé qui tentait de rattraper le troupeau. Simba ne se donna même pas la peine de bien le regarder. Ça lui était de toute façon impossible. Il n'avait d'yeux que pour son père, qu'il repéra soudain, étendu au fond du canyon.

Un cri s'étrangla dans sa gorge. Le lionceau courut rejoindre son père.

— Papa ! lança-t-il en s'arrêtant devant lui. Tu te réveilles ? Viens, on rentre...

Les larmes coulèrent sur ses joues. Simba pressa fort ses paupières, secoua la tête ; il refusait de voir la réalité en face, essayait de se persuader que tout cela n'était qu'un cauchemar et qu'il allait bientôt se réveiller. Hélas, quand il rouvrit les yeux, son père était toujours immobile. Une vague glacée déferla dans les veines de Simba qui, malgré la chaleur torride du canyon, se mit à trembler.

— À l'aide ! claironna-t-il. S'il vous plaît !

Mais personne ne lui répondit. Il était seul. Désespérément seul. Un sanglot lui échappa quand il s'allongea auprès de son père, se recroquevilla contre le flanc de Mufasa dans l'espoir d'y trouver un peu de chaleur. En vain. Le visage inondé de larmes, il passait ses griffes dans la crinière du noble lion. Il repensa aux longues nuits blotti entre ses parents, à la chaleur et au réconfort qu'il avait puisés dans leurs souffles, à la crinière de son père qui le recouvrait tel un édredon. Ses larmes redoublèrent, se mêlèrent à la poussière en suspension dans l'air, et le firent tousser.

Simba se redressa et ouvrit de grands yeux. Son oncle était là, devant lui. L'espoir rejaillit dans sa petite poitrine. Scar saurait sûrement quoi faire. Il allait soigner son père. Le lionceau accourut à lui.

— Scar ! l'interpella-t-il dans un sanglot. Aide-le, je t'en supplie...

Il voulut enlacer son oncle mais, à sa grande surprise, celui-ci se dégagea, l'air horrifié.

— Simba... chuchota Scar en observant Mufasa. Qu'est-ce que tu as fait ?

Le petit recula. Comment ça ? Mais il n'avait rien fait ?

— C'est le troupeau, se défendit-il. Papa a essayé de me sauver - c'est un accident. Je ne voulais pas...

Il ne put en dire plus. Le doute s'immisçait en lui. Ça n'était tout de même pas sa faute, si ? Le troupeau avait surgi sans prévenir. Son père avait voulu le sauver. Il n'avait rien à se reprocher...

Comme s'il percevait ses doutes, Scar lui posa une patte sur l'épaule.

— Bien sûr, lui souffla-t-il. Bien sûr que tu ne le voulais pas. Personne ne peut vouloir des choses aussi horribles.

Simba tressaillit en découvrant le regard de glace que lui lançait son oncle. C'est d'ailleurs d'une voix tout aussi froide que Scar ajouta :

— Mais le roi est mort. Et sans toi... il serait encore en vie.

Les larmes coulèrent de nouveau sur les joues de Simba. Scar venait d'exprimer toutes les horribles pensées qui l'avaient assailli. Pire : il avait prononcé le mot que lui-même n'osait formuler dans sa tête. *Mort*. Son père était mort.

— Ton père nourrissait de grands espoirs pour toi, poursuivit Scar sans égard pour les larmes de son neveu. Il t'a offert tant de choses ! Et c'est ainsi que tu le remercies ?

— Je ne savais pas... tenta de protester Simba.

— Qu'est-ce que ta mère dira ? insista Scar en secouant la tête. Un fils qui provoque la mort de son père. Un lionceau qui tue un roi ?

Simba pleurait et tremblait de tout son corps. Sa mère allait être dévastée. La tribu tout entière allait le détester. Si Scar disait vrai, alors il avait tué son propre père. Personne ne croirait jamais à un accident. Et quand bien même, on ne le pardonnerait jamais. Lui-même n'arriverait déjà sans doute pas à se pardonner, alors...

— Qu'est-ce que je peux faire ? demanda Simba à travers le rideau de ses larmes.

— Pars, Simba, lui répliqua son oncle. Pars très loin... et ne reviens jamais.

Le petit resta un moment paralysé, choqué par la suggestion de son oncle. Mais quand son regard se reposa sur le corps sans vie de son père, il sut qu'il n'avait pas le choix. Il devait s'enfuir. Et ne plus jamais revenir au Rocher des Lions.

Je suis désolé, papa, pensa-t-il en adressant un ultime regard à son père. *Si tu savais comme je m'en veux.*

Puis il pivota sur lui-même, et partit en courant.

Scar suivit du regard son neveu. Un sourire étira lentement ses babines. *Tout est bien qui finit bien, on dirait,* triompha-t-il à part. Lorsqu'il avait mis au point son plan pour éliminer Mufasa, il avait également prévu de se débarrasser de son rejeton. C'était indispensable pour son grand projet. Mais convaincre Simba de s'exiler à tout jamais revenait au même.

Des bruits de pas résonnèrent derrière lui, Scar jeta un coup d'œil par-dessus son épaule. Shenzi apparut au milieu de la poussière, flanquée d'une vingtaine de ses hyènes. La reine observa tour à tour le roi mort et Scar. Puis elle hocha la tête, ravie de constater que ce dernier avait tenu parole.

Au loin, Simba n'était plus qu'un tout petit point. Scar le regarda un moment. Certes, l'exil était une bonne solution, mais... c'était laisser une trop grande part au hasard. Non, mieux valait régler son compte tout de suite au gamin.

Scar se tourna vers Shenzi avec un ricanement mauvais.

— Tuez-le, ordonna-t-il.

Sans l'ombre d'une hésitation, les hyènes se lancèrent à la poursuite du lionceau. Elles disparurent à leur tour dans un nuage de poussière. Oui, se dit Scar. Cela serait mieux ainsi. Inutile de risquer que Simba revienne un jour.

Simba courut. Encore et encore. Il fuyait ses pensées, il fuyait l'image du corps sans vie de son père. Hélas, il avait beau se démener, il voyait toujours son père, il entendait toujours les accusations de son oncle, il imaginait toujours la réaction de sa mère. À l'évocation de celle-ci, toutefois, il ralentit.

Je ne devrais pas m'en aller, estima-t-il. *Ma place est auprès d'elle. C'est moi qui devrais lui annoncer que...*

Il s'arrêta, reprit son souffle. Son père n'approuverait pas qu'il parte dans ces conditions. Ça n'est pas ainsi qu'aurait agi Mufasa. Simba était à présent le roi. Il devait se comporter comme tel. Une lueur d'espoir se ralluma en lui, il faisait déjà demi-tour. Mais au même instant, ses yeux s'écarquillèrent. Il percevait en effet les bruits lointains d'une meute de hyènes en chasse. Quelques secondes plus tard, il distinguait clairement leurs rires qui résonnaient dans le canyon.

Simba poussa un cri d'effroi et reprit aussitôt sa course. Il devait quitter les lieux au plus vite.

Les parois du canyon se rapprochaient peu à peu. Simba avisa de petites ouvertures dans la roche, qui donnaient dans des tunnels. Derrière lui, les cris des hyènes grossissaient à mesure que ces monstres se rapprochaient. Il se jeta dans le premier trou venu et se hissa dans le boyau de roche. Le passage était trop étroit pour ses poursuivantes, dont il entendit les hurlements de frustration. Elles étaient contraintes de se dénicher un tunnel plus large. Elles y parvinrent, et s'y engouffrèrent en se piétinant les unes les autres, dans leur hâte de croquer Simba.

Heureusement pour lui, les tunnels étaient reliés entre eux, le poids de ces bêtes finit par causer un éboulement grâce auquel il put gagner une saillie et ressortir dans la lumière.

Triomphe de courte durée, hélas. Il n'avait plus devant lui qu'un gouffre immense.

Cinq secondes plus tard, une hyène gigantesque surgit dans son dos. La bave aux lèvres, elle s'avançait. Simba scruta tour à tour le monstre et l'à-pic, ne sachant trop quelle solution serait la pire. C'est alors que la hyène bondit.

Simba n'hésita pas un instant. Il se jeta dans le vide... bientôt imité par la hyène, entraînée par son élan. La prédatrice et la proie chutèrent.

Simba ferma les yeux. À sa hauteur, la hyène continuait de mordre dans le vide. Soudain, le jeune lion sentit qu'il heurtait une branche, puis une suivante, une troisième après ça, et ainsi de suite. Chaque coup rendait un bruit sourd et lui causait une douleur insupportable. Il entendait également, comme au loin, les cris torturés de la hyène qui subissait le même sort. Le calvaire lui parut sans fin, jusqu'à ce qu'il atterrisse sèchement sur une grosse branche. Simba s'empressa de planter ses griffes dans le bois pour se stabiliser.

Un long soupir, puis il resta immobile, s'efforça de calmer son cœur. Il leva alors les yeux vers le sommet de la falaise. Il ne savait trop si les autres hyènes le guettaient encore, mais elles devaient plutôt le croire mort. D'ailleurs, il aurait *dû* mourir. Il avait survécu par miracle. Il se dressa sur ses pattes, marcha jusqu'au tronc, puis le descendit en une série de glissades saccadées.

Parvenu au pied de l'arbre, il découvrit la hyène morte. Sans un remord, il bondit par-dessus le cadavre et détala. Il voulait mettre le plus de distance possible entre lui et le canyon. Entre lui et les hyènes. Songer à rentrer au Rocher avait été une folie. Jamais il ne pourrait retourner chez lui.

CHAPITRE ONZE

Scar contemplait le lever du soleil. À mesure que les rayons touchaient la savane, l'herbe se parait de tons dorés et orangés, comme si elle avait pris feu. Un spectacle enchanteur pour commencer la journée. Une journée que Scar attendait depuis… depuis bien longtemps.

Tournant le dos au soleil, Scar promena son regard sur les lions réunis devant lui. Tous l'observaient d'un œil suspicieux. Il y en avait même quelques-uns qui semblaient effrayés, comme s'ils sentaient que quelque chose ne tournait pas rond. Quand Scar s'était présenté au sommet du Rocher, cela avait suscité des interrogations. Lui qui ne s'aventurait jamais plus haut que sa tanière… Sans adresser un mot aux autres lionnes, il était allé trouver Sarabi – et lui avait appris la mort de Mufasa.

Un moment fabuleux. Aussi beau qu'il l'avait imaginé. Le regard dévasté de Sarabi, les grondements de douleur des autres lionnes... Et Scar qui était demeuré silencieux, à savourer son triomphe.

À présent, son heure était venue. Il s'adressa à la tribu réunie :

— La mort de Mufasa est une horrible tragédie. Il était le plus grand roi que nous ayons connu. Perdre mon frère est un drame atroce. Quant au petit Simba...

Sa voix s'estompa, Scar feignait d'être submergé par l'émotion.

En réalité, il chavirait de bonheur : quand Shenzi lui avait annoncé que Simba avait chuté du haut de la falaise, il avait cru que son plan avait entièrement réussi.

Une grande inspiration, un regard à destination de Sarabi, et il reprit :

— Simba, qui était à l'aube de sa vie. Un lionceau qui portait dans ses veines l'avenir de notre tribu... (Il secoua la tête.) C'est presque insoutenable. Si seulement j'avais pu arriver à temps – les sauver.

Ces mots dits, Scar tourna le dos à son auditoire et grimpa vers le sommet du Rocher. *Quel talent,* se félicitait-il intérieurement tout en veillant à marcher d'un pas lent et affligé. *Mufasa avait peut-être la force physique, mais j'ai pour ma part les talents d'acteur.*

Parvenu au sommet du Rocher, il pivota sur lui-même. Dans son dos, le soleil venait de dépasser l'horizon.

— C'est donc le cœur lourd que je dois monter sur le trône, déclara Scar de sa voix la plus solennelle.

Les lionnes se mirent à échanger des murmures. Scar vit Sarabi qui s'avançait en secouant la tête. Grand bien lui fasse. Elle n'avait pas d'autre choix que de se soumettre.

— Mufasa et Simba nous ont quittés, insista-t-il. Je suis donc votre nouveau roi. Mais je dois bien reconnaître que je ne pourrai assumer cette charge seul. Après tout, un roi n'est rien sans sa reine.

Il s'interrompit, laissa le temps à Sarabi d'acquiescer. À sa grande stupeur, celle-ci grogna et secoua de nouveau la tête. Scar plissa le front, mais il ne la provoqua pas davantage. Elle finirait par accepter. Surtout quand elle découvrirait ce qu'il avait en tête. En attendant, il réservait une dernière surprise aux lionnes.

— Je vais avoir besoin d'aide pour assurer la sécurité de la tribu !

Projetant son regard au-delà des femelles, Scar hocha la tête. L'instant d'après, Shenzi et sa meute firent leur entrée sur le Rocher des Lions. Les lionnes se mirent à gronder, elles poussèrent leurs petits derrière leurs dos, tandis que les hyènes continuaient d'envahir les moindres recoins de leur espace.

— Alors, annonça Scar, malgré notre infinie douleur, nous nous relèverons pour saluer l'avènement d'une ère nouvelle. La promesse d'un avenir glorieux !

Sarabi observait les hyènes qui encerclaient petit à petit le Rocher. Leur poil miteux, emmêlé, terne et sans vie, leurs rires maléfiques – tout en elles lui soulevait le cœur. Ces bêtes n'avaient rien à faire là. Et lorsqu'elle se tourna vers Scar, elle sut que lui non plus n'avait pas sa place ici.

Mufasa n'était plus. Simba n'était plus. Son univers entier s'écroulait. Pire : Scar allait offrir la Terre des Lions aux hyènes. Un signe de la tête adressé aux autres femelles, et Sarabi regagna sa tanière. Son esprit tournait, son cœur était brisé. Son regard s'attarda sur l'endroit où Mufasa et Simba avaient coutume de dormir. Elle-même ne demandait qu'à s'étendre, fermer les yeux, puis se réveiller de cet horrible cauchemar. Hélas, elle savait que cela n'arriverait pas. Plus jamais elle ne sentirait la chaleur de Mufasa contre son corps. Plus jamais elle ne tiendrait Simba entre ses pattes, ni n'entendrait son petit rire. Plus jamais le lionceau ne les réveillerait pour aller admirer le lever du soleil, ou pour aller jouer à cache-cache avec Nala et les autres petits. Scar avait vu juste sur un point : la vie de Simba s'était achevée trop tôt. Il aurait dû être là, auprès d'elle. Tout comme Mufasa.

Le cœur lourd, elle se tourna vers les autres lionnes. Elle lut la peur dans leurs regards. Malheureusement, comment aurait-elle pu leur apporter du réconfort, alors qu'elle-même était au fond du désespoir ? Elle évoluait comme dans du brouillard. Et ce depuis que Scar était venu lui apprendre la terrible nouvelle. Il avait paru bouleversé, mais Sarabi doutait de sa sincérité. Mufasa et lui n'étaient pas en bons termes. Elle avait souvent interrogé son époux, mais le roi avait chaque fois changé de sujet. Dans ces cas-là, elle n'insistait pas. Et elle le regrettait à présent. Il aurait été bien utile de mieux connaître celui qui était leur nouveau chef.

Que faire ? se demandait Sarabi tandis qu'un groupe de lionceaux commençait à jouer, inconscients du drame. *Nous n'allons quand même pas abandonner le pouvoir aux hyènes. Elles vont tout détruire... et tuer tout le monde.*

— Sarabi ?

Nala se tenait devant elle. Les larmes aux yeux. Sarabi sentit son cœur se briser de nouveau. Elle comprit qu'elle n'était pas la seule à avoir perdu Simba. Cette pauvre Nala avait perdu son meilleur ami.

— Sarabi, demanda la petite, Scar a parlé d'une « ère nouvelle », qu'est-ce que ça veut dire ? Les hyènes vont rester avec nous ?

Sarabi poussa un soupir, appuya délicatement sa tête sur celle de la petite. Un geste tendre qu'elle avait eu des centaines de fois pour Simba, et qui la bouleversa. Elle inspira longuement, huma les odeurs de la tanière et de l'étang qui s'accrochaient encore au pelage de Nala - des odeurs qui lui rappelaient Simba. Si proches, et pourtant si différentes.

Tout était différent, désormais.

— Je n'en ai pas la moindre idée, Nala, finit par répondre Sarabi en relevant la tête.

Elle se redressa et retourna à l'entrée de la tanière. Dehors, les hyènes dévoraient le produit de la dernière chasse des lionnes. Elle les entendait se battre pour les ultimes bandes de chair. Les lions ne se comportaient jamais ainsi. Ils tuaient ce dont ils avaient besoin pour vivre, puis partageaient équitablement la nourriture.

— Scar semble croire que nous pouvons cohabiter avec les hyènes, poursuivit Sarabi. Or hyènes et lions n'ont jamais su vivre en paix...

— Mufasa n'aurait jamais permis une chose pareille, souffla Nala. Il me manque.

— À moi aussi, ma petite. À moi aussi...

— Qu'est-ce qu'on va faire, alors ?

Derrière elle, plusieurs lionceaux approchaient pour connaître la réponse de Sarabi.

Cette dernière voyait les traits de Simba dans chacun de leurs visages. Elle ne pouvait pas les abandonner. Elle devait leur donner un motif d'espoir.

C'est ce que Mufasa aurait voulu ; ce que Simba aurait mérité.

Elle releva la tête dans un mouvement plein de détermination.

— Nous allons demeurer forts, affirma-t-elle. Nous n'allons pas capituler face aux hyènes. C'est ce que Scar attend de nous, mais il va être déçu.

Elle s'interrompit. Elle se méfiait de Scar. Elle lui avait trouvé le regard fourbe lorsqu'il lui avait annoncé la mort de Mufasa et de Simba. Comme s'il avait hâte de le lui révéler. Ensuite, il avait parlé de faire d'elle sa reine. *Jamais* elle ne l'accepterait. Mufasa demeurerait dans son cœur jusqu'à son dernier souffle.

Les paroles de Scar avaient paru sincères, sa promesse d'un avenir glorieux avait paru séduisante, mais Sarabi n'était pas dupe. L'arrivée des hyènes n'était qu'une première étape. La situation allait se dégrader. En tant que reine, elle se devait de garder son calme et de protéger ses sujets – de son mieux.

— J'ignore ce qui va arriver, déclara-t-elle enfin au petit attroupement qui s'était formé autour d'elle. Mais je vous promets que je ferai tout mon possible pour aider la tribu. Laissons les hyènes croire qu'elles ont gagné. Laissons Scar croire que nous voulons de son « avenir ». Mais ne nous méprenons pas. Gardons toujours la tête haute, et les oreilles aux aguets. Quand il nous demandera d'aller chasser, nous rentrerons parfois bredouilles. Mieux vaut aller le ventre creux, plutôt que de nourrir ces repoussantes hyènes. Ne vous déplacez jamais seules. Plus que jamais, nous devons nous serrer les coudes.

Les autres lionnes émirent des murmures approbateurs. Sarabi leur renvoya un doux sourire. La tribu tout entière était en deuil. Pourtant, personne ne se laissait abattre. Un nouveau regard vers l'extérieur, un signe de tête déterminé, et Sarabi conclut :

— Je vous le promets, nous serons toujours chez nous au Rocher des Lions...

Du moins je l'espère, ajouta-t-elle à part, les yeux perdus dans le ciel bleu éclatant, aussi paisible qu'elle-même était agitée. *Après tout ce que j'ai perdu aujourd'hui, je ne peux pas perdre en plus ma tanière.*

CHAPITRE DOUZE

Simba avait mal partout. Sa tête l'élançait ; ses paupières gonflées restaient closes. Le sol desséché du désert lui brûlait le flanc sur lequel il était couché ; le soleil lui cuisait l'autre.

Le lionceau avait l'impression d'être là depuis une éternité. Après sa chute de la falaise, il avait couru sans se poser de questions. Il n'avait qu'un but : s'éloigner le plus possible des hyènes et de la Terre des Lions.

Bientôt, les herbes de la savane avaient fait place à un sable doux, puis à un océan de terre brune. Un sol dur, parcouru de fissures, sans la moindre ombre. Simba n'avait rien mangé ni bu depuis longtemps. Les pensées roulaient dans sa tête tandis qu'il fuyait toujours. Des images de son père qui chutait au milieu des gnous. La mine horrifiée et consternée de Scar. Sa tête résonnait encore des milliers de sabots des gnous. Et au milieu de tout cela, il imaginait sa mère. Il la voyait en larmes apprendre la mort de Mufasa, se mettre en colère en comprenant que c'est lui-même qui l'avait causée. Cette idée seule renforçait sa détermination à fuir la Terre des Lions.

À présent, la possibilité de rentrer chez lui n'existait plus : il allait apparemment mourir dans ce désert. Des battements d'ailes lui parvinrent : des busards qui tournaient en rond dans le ciel, au-dessus de lui. Signe qu'il n'en avait plus pour longtemps. Les charognards descendaient peu à peu. Simba en entendit bientôt quelques-uns qui se posèrent. Il voulut ouvrir les yeux, mais ce simple mouvement des paupières le foudroya jusqu'au bout de la queue. Alors il renonça.

Tout à coup, les battements d'ailes devinrent plus frénétiques : les volatiles s'interpellaient. L'instant d'après, des sabots martelèrent le sol, la terre trembla sous Simba. Au moment où celui-ci s'évanouit d'épuisement, il crut entendre une voix puissante qui tonnait « Bowling de busards ! »

Pumbaa fit un pas en arrière. Le phacochère aimait prendre un peu d'élan pour jouer au bowling de busards. Il baissa la tête, émit un grognement titanesque et attendit que les oiseaux soient tous attroupés. *Plus il y a de busards, plus on rit,* se disait-il.

Or son meilleur ami Timon et lui adoraient la rigolade. C'était ce qui les rapprochait, Pumbaa le phacochère, et Timon le suricate.

Quand le moment lui parut juste, Pumbaa chargea les busards, qu'il envoya valser en l'air.

Tapi sur le dos de son ami pour éviter de se blesser ou de se salir, Timon leva la tête. Ses grands yeux bordés de noir dardaient de tous les côtés, en panique. Timon était toujours aux aguets. En bon suricate. Peut-être *un peu plus nerveux* que la moyenne.

Plus gourmand que la moyenne, aussi. Il ne pensait qu'à manger.

— Tu vois des œufs ? demanda-t-il ainsi à Pumbaa.

Il inspectait le sol, où quelques busards gisaient, assommés.

— Dis-moi qu'il y a au moins un œuf, pitié ! insista Timon. Quand on leur colle une belle frousse, ça les fait pondre direct.

— Pas d'œufs pour cette fois, désolé, répondit Pumbaa en secouant la tête.

Mais soudain, il se tut. Inclina la tête. Derrière les busards, il apercevait quelque chose. Un détail qu'il n'avait pas repéré jusque-là.

— Hé, Timon, dit-il. Regarde un peu cette petite boule de poils.

— Une boule de poils ? J'ai toujours voulu une boule de poils, s'enthousiasma le suricate.

Aussitôt, il éperonna sa monture pour qu'il s'approche de la chose.

— Elle est pile à ma taille ! claironna Timon.

Les deux amis examinèrent la boule de poils. Pumbaa plissa les yeux. Il la trouvait... différente. Sans pouvoir dire pourquoi, hélas.

— Une petite minute, souffla-t-il. Elle a quatre pattes et une queue, cette boule de poils.

— M'en fiche, répliqua Timon. Les nuits sont fraîches, elle est à moi !

— On dirait qu'elle est vivante...

La boule de poils respirait, en effet.

Timon descendit de son perchoir en secouant la tête. Il s'approcha de la boule.

— Vivante ? répéta-t-il. Pourquoi faut-il toujours que tout soit vivant ? Non parce que si cette boule est vivante, ça signifie que c'est... (Le suricate se pencha... souleva la patte qui masquait le visage de Simba.)... un LION ! Au galop, Pumbaa ! ON SE CASSE !

Aussitôt, il grimpa se cacher sur le dos de son ami.

Mais celui-ci ne s'enfuit pas. Il ne recula même pas. Au contraire, il s'approcha de Simba, l'observa attentivement et sourit.

— C'est juste un bébé lion, Timon, annonça-t-il d'une voix tout attendrie. Regarde comme il est trognon.

Timon remit patte à terre et plissa les paupières.

— Trognon ? s'étouffa-t-il. Un monstre de deux cents kilos qui ne demandera qu'à me croquer ?

Sans relever ces sarcasmes, Pumbaa inspecta encore le lionceau. Puis il regarda alentour. Que venait faire ce petit félin, tout seul, au beau milieu du désert ?

— Il s'est perdu, estima le phacochère. (Son visage s'illumina soudain, une idée lui était venue.) Et si on le gardait ? Je promets que je lui ferai faire sa promenade tous les jours ! Et je nettoierai quand il fera ses besoins...

Timon le fit taire en brandissant un doigt. Ça n'était pas la première fois qu'il voyait son ami s'emballer ainsi. Un jour, il avait cédé et l'avait autorisé à adopter un scarabée. L'expérience s'était mal terminée.

— Il te dévorera tout cru, affirma Timon. Et ensuite il se servira de moi comme d'un cure-dents !

— J'ai de très bons amis chez les carnivores, le contra Pumbaa. Et puis, quand il sera grand et fort, il sera notre allié !

— Alors ça c'est la meilleure de l'année, pouffa Timon.

Il éclata de rire, son petit ventre se gondola. Mais tout à coup, il se figea. Écarquilla les yeux. Frémit du museau. Puis il s'écria :

— Eh mais j'ai trouvé ! Et s'il devenait notre allié ! (Il ne se rendait visiblement pas compte qu'il ne faisait que reprendre la proposition de Pumbaa.)

Avoir un lion dans son camp, ça n'est peut-être pas une mauvaise idée.

Pumbaa se mit à sautiller de joie, sans s'émouvoir que son ami lui ait chipé son idée.

— Alors on le prend ? voulut-il clarifier.

— Ben oui ! répondit Timon. Le cerveau c'est toi ou c'est moi ?

À cet instant, les paupières du lion s'entrouvrirent.

Timon glapit et se hissa sur le dos de Pumbaa. Il était peut-être le cerveau, mais il ne tenait pas à devenir le petit déjeuner…

Simba entendait des voix. Elles lui paraissaient lointaines, comme provenant d'un long tunnel. Il avait bien envie de rester les yeux fermés, dans l'espoir qu'elles se taisent. Mais la faim le poussa à écarter les paupières.

Dans un premier temps, il ne vit rien, le soleil l'aveuglait. Puis il distingua des points noirs dès qu'il referma les yeux. Il attendit que les points s'estompent, puis il rouvrit les yeux. Lentement, cette fois, pour s'habituer à la lumière.

Quelle surprise de découvrir devant lui un suricate et un phacochère ! Ces deux créatures le scrutaient. Le suricate stressait, mais le phacochère semblait ravi.

— Qui… Q-qui êtes-vous ? demanda-t-il, la gorge sèche.

— Nous sommes tes sauveurs, répondit le suricate. Nous avons pris des risques insensés, nous avons combattu des vautours affamés !

— Moi, c'est Pumbaa, intervint le phacochère en adressant un regard à son ami que celui-ci ne décrypta pas. Et lui, c'est Timon.

Le suricate hocha la tête.

— Des centaines de vautours, donc, reprit-il. L'horreur. Mais pas la peine de nous remercier.

Il marqua une pause, guetta les remerciements qu'il venait de refuser. Comme Simba ne réagissait pas, il haussa les épaules et ajouta :

— On t'a sauvé la vie, je ne te l'ai pas dit ?

Simba poussa un soupir. *Il ne fallait pas vous donner cette peine,* songea-t-il. *Vous auriez épargné pas mal d'ennuis à tout le monde.*

Sur ce, il se leva, tourna le dos à Timon et Pumbaa, et s'éloigna lentement. À chaque pas, il avait l'impression de marcher sur des épines. Sans compter que son estomac gargouillait très fort.

— Hé ! le rappela Timon. Tu vas où ?

— Peu importe, répondit Simba sans s'arrêter.

Avisant une petite flaque d'eau, il y trempa son museau. L'eau était brûlante et boueuse, mais elle apaisa sa soif. Il repensa à toutes les fois où il avait fait des histoires pour se rendre à l'étang. Aujourd'hui, il donnerait n'importe quoi pour pouvoir y retourner. Retrouver sa mère, ou jouer avec

Nala. Les épaules basses, il cessa de boire. À quoi bon ressasser tout ça ?

Derrière lui, il entendit Pumbaa prononcer d'une voix inquiète :

— Il est tout triste. Timon, nous devons faire quelque chose !

Le lionceau perçut alors des bruits de sabots, et vit Pumbaa apparaître près de lui.

— Hé, petit, lui lança le phacochère, quel mal te ronge ?

Timon ne laissa pas à Simba le temps de répondre :

— Rien ! claironna-t-il. C'est *lui* le mâle qui ronge !

Une pause. Comme le lion et le phacochère ne riaient pas à sa blague, il insista :

— Vous comprenez ? Le mâle qui ronge... Non ?

Toujours rien. Alors Timon changea de sujet.

— Bon, et d'où tu viens, petit ?

— Qu'est-ce que ça peut faire ? lui rétorqua Simba. Je ne peux plus y retourner.

Lui-même s'étonna du ton défait sur lequel il venait de parler. Pourtant, c'était la vérité. À quoi bon parler à Timon et Pumbaa de son ancienne vie... puisqu'il ne pouvait plus la retrouver ?

— Du coup, si tu ne peux plus rentrer chez toi, reprit Timon, est-ce que quelqu'un de chez toi va venir te chercher ? Genre, une super grosse bête toute poilue ?

— Personne ne viendra pour moi, non, souffla Simba.

À sa grande surprise, Pumbaa bondit de joie.

— Tu n'as pas de famille ? s'égosilla le phacochère. Tu t'es fait rejeter par les tiens !

— Ça tombe bien, nous aussi ! lança Timon en battant des mains.

Un large sourire lui étira les lèvres. Pour la première fois depuis que Simba avait rouvert les yeux, ce suricate semblait se détendre. Il s'allongea même près de la flaque boueuse, les mains croisées derrière la tête, et ajouta :

— Dis-nous tout, petit. On adore ces histoires-là.

— Oh oui, abonda Pumbaa. Moi, elles me font toujours pleurer. Surtout si celui qui est rejeté tombe dans un trou et est obligé de se dévorer une patte pour s'en sortir.

Le regard de Simba oscillait entre ces deux étranges créatures. Ils le faisaient marcher ? Difficile d'en juger. Mais pas question de leur raconter ce qu'il avait vécu.

— Laisse-moi deviner, reprit Timon. Je parie que tu étais trop petit, c'est pour ça qu'ils t'ont éjecté.

Simba fit non de la tête.

— Trop lent ? proposa encore le suricate.

Même réaction.

— Trop stressé ? Agressif ? Jaloux ?

Même réaction. Sauf que ce déluge de questions finit par faire sourire le lionceau. Légèrement. Un bref instant, il eut presque envie de rire. Mais quand Pumbaa prit la parole, l'envie s'envola.

— J'aime bien aussi les histoires où un personnage est rejeté parce qu'il a dévoré par erreur un proche.

Le phacochère eut les larmes aux yeux à l'évocation de ce scénario.

Simba sentit son cœur qui cognait fort dans sa poitrine. Les deux compères pouvaient-ils être au courant ? La nouvelle avait-elle déjà franchi les limites de la Terre des Lions ? Cherchaient-ils à le faire avouer, pour confirmer qu'il était bien un tueur ? Laissant Timon énumérer les raisons pour lesquelles il pouvait avoir été rejeté par sa tribu, le lionceau comprit qu'il s'inquiétait pour rien. Ces deux-là n'étaient au courant de rien. Ils jouaient aux devinettes, voilà tout. Pourtant... ils lui rappelaient tout ce qu'il avait perdu.

— J'ai fait une chose épouvantable, avoua-t-il. Mais je ne veux pas en parler. Laissez-moi.

Sur ce, il voulut s'en aller, mais entre la faim, son petit cœur en miettes, et le soleil brûlant... sa vue se troubla... et brusquement il s'écroula.

— Hé, petit ! lança Pumbaa en s'arrêtant près de lui dans une glissade.

Le visage déformé par l'inquiétude, il tapota Simba de la pointe d'une de ses défenses. N'obtenant pas de réaction, il appela Timon et, ensemble, ils aidèrent le lionceau à se remettre sur pattes.

— On doit pouvoir faire quelque chose ? implora Pumbaa, visiblement navré de voir le petit félin si triste.

Celui-ci secoua la tête. Avant l'épisode du canyon, il aurait sans doute raconté ses exploits au phacochère et au suricate, il leur aurait confié qu'un jour il allait devenir roi. Hélas, la mort de son père le hantait. La vue de son corps sans vie. Les mines déçues de sa mère et de Nala qu'il imaginait.

— Pour ça, expliqua-t-il, il faudrait que vous puissiez changer le passé...

— Personne ne peut modifier le passé, observa Timon. Mais le futur, c'est notre spécialité.

Intrigué, Simba releva la tête malgré lui.

— Vous pouvez changer le futur ? fit-il.

— Nous ne demandons pas mieux ! s'enthousiasma Pumbaa. C'est un jeu d'enfant !

— Mais comment vous pouvez changer quelque chose qui ne s'est pas encore produit ?

Ravi qu'on lui pose une question à laquelle il savait répondre, et qui allait lui permettre de briller, Timon leva le doigt. Trois secondes de suspense, puis il révéla :

— Pour changer le futur, tu dois laisser le passé derrière toi.

— Super loin, même, abonda Pumbaa. Le mien, moi, je l'ai laissé derrière ce rocher, que tu vois là-bas. Ou celui d'après, je ne sais plus trop.

Le phacochère alla renifler les rochers en question.

Simba le regarda faire, amusé. Timon racontait n'importe quoi. Personne ne pouvait changer l'avenir. Quant à Pumbaa, il délirait à fond. Il n'empêche... Oublier son passé ? Aller de l'avant ? Cela semblait toujours préférable à ce qu'il vivait dans le désert.

— Écoute, petit, poursuivit Timon, des choses épouvantables il en arrive tout le temps, et on n'y peut rien, pas vrai ?

— Exact, approuva Simba.

Mais là, à sa grande stupeur, le suricate secoua la tête et lui rétorqua :

— Faux ! Quand le monde entier se ligue contre toi, tu dois leur tourner le dos à tous !

Timon et Pumbaa lui dévoilèrent ensuite comment il devait se comporter, maintenant que sa tribu l'avait rejeté. Leur plan consistait entre autres à laisser le passé derrière soi, accueillir l'avenir à bras ouverts, et oublier toutes ses erreurs.

Quand ils eurent terminé, Simba fit observer en plissant les yeux :

— Ça n'est pas ce qu'on m'a appris.

Il pensait au Cycle de la Vie, que lui avait décrit son père. Le cycle au sein duquel tous les êtres étaient reliés, sans la moindre exception. Tout le contraire de ce que racontaient Timon et Pumbaa.

— Il te faut peut-être une autre méthode, estima le suricate en secouant la tête. Répète après moi : *hakuna matata*.

— Ça veut dire « pas de soucis » précisa Pumbaa comme si cela expliquait tout.

Pas de soucis, se répéta Simba tandis que ses deux compagnons continuaient de jacasser. *Super idée. Sauf qu'il y a toujours des soucis, dans la vie.*

Pas pour Timon et Pumbaa, apparemment. Et ils se hâtèrent de lui révéler leur secret. Ils n'avaient pas toujours eu la vie facile. Autrefois, eux aussi avaient des soucis. Pumbaa, par exemple, avait beaucoup souffert quand il était petit de ses mauvaises odeurs qui faisaient fuir tout le monde.

À force d'écouter leurs discours, Simba comprit que c'est eux qui avaient raison. Il ne pouvait pas changer le passé. Ce qui était fait était fait. Par contre, il pourrait peut-être se préparer un plus bel avenir. Il ne deviendrait jamais roi de ce désert, mais bon... *hakuna matata* !

CHAPITRE TREIZE

Simba rêvait toujours à son avenir quand Timon et Pumbaa se turent enfin. Il n'était pas reparti. Et l'heure était venue de rentrer. Timon grimpa sur le dos de Pumbaa, et signifia au lionceau de les suivre.

Le phacochère s'engagea sur un sentier que lui seul semblait voir. Simba s'efforçait de tenir son rythme, mais il était toujours aussi fatigué, et le sol était toujours aussi dur, alors il progressait moins vite que d'habitude. Il faillit d'ailleurs s'étaler plusieurs fois avant que Pumbaa ne remarque qu'il perdait du terrain, et ne l'attende.

Il effectua la suite du trajet à une allure plus modérée. Simba en profita pour admirer les paysages qu'ils traversaient. Le désert s'était en effet garni de buissons. Bientôt, Simba avisa une véritable muraille de verdure. Il secoua la tête, redoutant un mirage. Mais non, il ne se trompait pas.

Quelques instants plus tard, Pumbaa le précéda dans une jungle luxuriante, dans laquelle Simba pénétra, les yeux écarquillés. Il n'avait jamais vu autant de couleurs différentes. Des verts vifs. Des oranges à croquer. Des violets violents et des rouges rageurs. Les teintes de la Terre des Lions étaient moins folles, y compris au plus fort de la saison des pluies.

— Bienvenue dans notre humble chez-nous, déclara Timon.

— Vous vivez ici ? s'extasia le lionceau.

— Ça dépend des jours, nuança le suricate.

Simba afficha un large sourire. Ce décor était enchanteur. Le mode de vie de ces deux créatures avait peut-être du bon.

Pumbaa l'entraîna ensuite dans une clairière dominée par un arbre gigantesque. Ses grosses racines sortaient de terre, tandis que ses longues branches et ses larges feuilles formaient un abri naturel. Simba repéra quelques animaux qui se prélassaient près de l'arbre.

— Hé, tout le monde ! lança Timon. Je vous présente Simba !

Les créatures disparurent en un clin d'œil.

— Rôô, venez dire bonjour, enfin ! les rappela Pumbaa.

Alors, un par un, les froussards sortirent de leurs cachettes. Ils avaient l'air vraiment terrifiés.

— On va tous mourir ! glapit une musaraigne.

Son long museau allongé s'agitait dans tous les sens, et ses yeux s'ouvrirent si grand qu'ils faillirent se décrocher de son crâne.

Un ratel pointa la tête hors d'un terrier et désigna Simba en disant :

— C'est un lion.

Ses dents pointues avaient de quoi faire peur, mais il avait parlé d'une voix chevrotante : c'est lui qui avait peur !

— Exact, confirma Pumbaa dans un haussement d'épaules. Mais il est encore tout jeune.

Au même instant, un bousier passa devant Simba et ses nouveaux amis. Il poussait une boule de matière marron. Tous les animaux présents froncèrent le museau et se bouchèrent les narines.

— Va-t'en, avec ton caca, toi ! le gronda le ratel.

— Pour la centième fois, les gars, c'est juste de la boue ! se défendit le bousier. Enfin, *presque*.

Simba se retint de sourire : tout le monde savait très bien de quoi se composait sa boule marron. Hélas, avisant son sourire plein de crocs, les créatures présentes se mirent à reculer dans un début d'angoisse.

— Et pour le nourrir, vous comptez faire comment ? reprit un galago.

Le ventre de Simba émit aussitôt un énorme gargouillis.

— Je meurs de faim, explicita le lionceau. Je pourrais dévorer un éléphant.

Le silence s'abattit sur la clairière. Le bousier lui-même cessa de pousser sa boule nauséabonde. Simba observa, l'air confus, tous ces animaux figés. C'est finalement Timon qui rompit le silence.

— Euh, fit-il en s'éclaircissant la voix, on a épuisé le stock d'éléphants.

L'estomac de Simba se manifesta de nouveau. Le jeune félin avait trop faim pour faire la fine bouche, il prendrait ce qu'on lui donnerait.

— Y a de l'antilope ? suggéra-t-il.

Mauvaise pioche. Timon et Pumbaa secouèrent la tête, tandis que leurs amis se blottissaient les uns contre les autres.

— Écoute, petit, déclara le suricate. Si tu veux vivre avec nous, tu vas devoir manger ce qu'on mange.

— Et surtout, glissa la musaraigne, tu ne devras manger aucun d'entre nous !

Timon entraîna ensuite Simba vers une branche abattue. Le bois en était pourri par endroits, couvert de mousse ailleurs. Elle était visiblement abandonnée là depuis un bon moment.

— Hé, le coin n'est pas mal, pour une bonne potée de larves ! annonça Timon avec conviction.

Simba s'assit au pied du grand arbre et interrogea du regard Pumbaa : cette branche était trop petite pour dissimuler un éléphant, une antilope ou ne serait-ce qu'un topi.

Pumbaa souleva la branche grâce à ses défenses. Simba découvrit alors qu'une multitude d'insectes grouillait dans le terreau humide en dessous. Certains étaient pâles, charnus et gluants. D'autres avaient le corps segmenté, une coquille dure et une myriade de pattes. Quelques-uns semblaient équipés d'ailes, et Simba crut bien apercevoir deux ou trois paires de pinces.

— Beurk, dit-il en plissant le museau de dégoût. Qu'est-ce que c'est ?

— Des larves bien grasses, lui répondit le ratel.

— Baah, quelle horreur, grimaça le lionceau.

Dé-goû-tant, ajouta-t-il dans sa tête.

À sa grande surprise, Timon plongea une patte dans la masse infecte et en retira un des plus gros spécimens. Aussitôt, il l'enfourna, sous le regard horrifié de Simba, qui faillit vomir.

— Hmm, délicieux, commenta le suricate. On dirait du poulet !

Pumbaa se servit à son tour : un long ver de terre qu'il aspira d'une longue traite.

— Un peu gluant, mais appétissant, affirma le phacochère.

Les uns après les autres, les animaux se joignirent au banquet. Le galago croqua un insecte à coquille, tandis que le ratel en ramassait toute une poignée. Tous se régalaient, sans s'apercevoir que Simba, lui, se retenait de vomir. Et dire qu'il lui arrivait de râler quand sa mère lui proposait de l'antilope...

*Leur histoire d'*hakuna matata *n'est peut-être pas faite pour moi,* se désola-t-il. Il ne s'imaginait même pas approcher une seule de ces répugnantes bestioles de ses babines. Alors se nourrir exclusivement de tout ça... non merci !

Il se voyait bien devenir ami avec Timon et Pumbaa, mais les autres créatures lui semblaient plus distantes. Il songeait au Rocher des Lions, aux heures passées blotti contre les siens. Contre qui pourrait-il se blottir, dans cette jungle ? La tristesse l'envahit peu à peu ; il baissa la tête en espérant que personne ne remarquerait sa peine.

C'est alors que Timon vint lui proposer une longue feuille garnie de larves et d'insectes.

— Je vais te dire, petit, déclara le suricate, c'est ça la vraie vie : pas de lois, pas de responsabilités. Et le mieux de tout : pas de soucis.

Sur ce, il préleva une des plus grosses larves de la feuille et la tendit au lionceau.

— Qu'est-ce que t'en dis ? l'interpella-t-il.

Simba contempla l'offrande. Certes, cette jungle n'était pas le Rocher des Lions. Cette larve ne valait pas une antilope. Timon et Pumbaa ne pouvaient rivaliser avec Nala ou sa mère. Mais l'idée de vivre sans soucis... sans responsabilités... de pouvoir oublier toutes les horreurs qu'il avait fuies... ça oui, ça lui plaisait bien. Sa nouvelle vie ne ressemblerait peut-être pas à la précédente, mais au moins il aurait un chez-lui. Et qui sait, des amis, aussi.

Alors le jeune lion prit une grande inspiration et hocha la tête.

— Eh ben... souffla-t-il en acceptant la larve. *Hakuna matata !*

Il ouvrit la gueule, ferma les yeux, et enfourna son déjeuner. Puis il mâcha. Énorme surprise : ça n'était pas si mauvais. Un sourire se dessina sur son museau.

— Un peu gluant, déclara-t-il enfin en écartant les paupières. Mais appétissant.

Timon et Pumbaa sautèrent de joie, et Simba se resservit une larve. *Oui,* se dit-il en poursuivant son repas, *ce n'est peut-être pas la vie dont je rêvais. Mais ça vaut franchement mieux que de rester tout seul.*

Le ventre un peu moins vide, il s'affala devant la branche et écouta Timon raconter à la petite troupe l'épisode du bowling de busards entre deux pets de Pumbaa. Les voix et les rires allaient et venaient comme les rayons du soleil qui passaient entre les branches. Tout était paisible. Pour la première fois depuis son départ de la Terre des Lions, Simba sentit sa poitrine s'emplir d'autre chose que de la peine.

C'était l'espoir.

CHAPITRE QUATORZE

Les semaines et les mois défilèrent. Simba s'adaptait à sa nouvelle vie dans la jungle. Une partie de chaque jour était ainsi consacrée à une promenade durant laquelle Timon lui faisait découvrir les plantes et bestioles que l'on pouvait manger, et celles qu'il fallait éviter.

Simba apprit bientôt que la clairière se situait près du cœur de la jungle. Jungle qui, elle-même, s'étendait sur des kilomètres, et regorgeait de merveilles. Il y avait ainsi une immense cascade qui se déversait dans un bassin profond : l'idéal pour s'abreuver ou, si nécessaire, se baigner. Plusieurs ruisseaux serpentaient sous les arbres, où l'ombre ne manquait jamais. Habitué à dormir au fond d'une tanière obscure, Simba eut un peu de mal à s'endormir à la belle étoile, les premiers temps. Mais bientôt, il trouva dans cette lumière du réconfort, et les bruits de la jungle furent comme une berceuse.

Pumbaa, lui, était le « coach » du lionceau. Remarquable chasseur, le phacochère brillait par sa discrétion – malgré la ribambelle de pets qu'il n'arrivait pas à contenir. Dès que Simba se fut habitué aux larves, il lui enseigna l'art du bowling de busards, et lui apprit à chiper les œufs aussi rares que succulents de ces rapaces.

— Le ventre collé au sol, indiqua Pumbaa.

Simba et lui étaient tapis derrière un monticule de cailloux. Ils visaient un groupe de busards posés à quelques pas de là. Ils les avaient repérés un peu plus tôt, alors que ces volatiles décrivaient des cercles au-dessus de la jungle. Pumbaa leur avait laissé le temps de manger et de s'assoupir, après quoi Simba et lui les avaient pistés jusque dans le désert.

— Je sais chasser, répliqua le jeune félin. Laisse-moi faire à ma manière, tu vas voir ce que c'est qu'un vrai chasseur.

Pumbaa n'eut pas le temps de le retenir, qu'il chargea. Dans la seconde, les busards s'envolèrent, et ils avaient repris leur ronde dans le ciel quand Simba arriva à leur hauteur.

— Tu ne peux pas leur courir après comme ça, pesta Pumbaa en le rejoignant. Ces bestioles sont moches, mais elles ne sont pas débiles. En plus, elles ont des ailes.

Il se dirigea ensuite vers un autre tas de cailloux, derrière lequel son élève et lui se tapirent de nouveau. Sauf que cette fois, Simba resta en place. Et tandis que le soleil montait toujours plus haut dans le ciel, les busards revinrent se poser au sol. Leur festin leur donnait sommeil, ils glissèrent leur tête sous une aile. Pumbaa signifia à Simba de bien observer, puis il se dirigea sur la pointe des sabots vers les cibles. Il était remarquablement silencieux, pour une créature de son poids. Arrivé à quelques pas des busards, il se figea, tendit le cou et poussa un cri de bête. En même temps qu'il lâcha un bon gros pet.

Les deux bruits combinés réveillèrent en sursaut les volatiles, qui s'envolèrent cette fois encore. Sauf qu'au lieu de dessiner des cercles dans le ciel, ils s'en allèrent et ne revinrent pas. Simba se tourna alors vers Pumbaa, qui lui montrait en triomphant deux gros œufs de busards.

— Qu'est-ce que je t'avais dit ! Le tout, c'est d'être patient.

Sur ce, le phacochère souleva les œufs grâce à ses défenses, et trottina jusqu'à son ami.

— La tête que Timon et les autres vont faire quand ils vont voir ça ! claironna-t-il. Deux œufs ! Excellent ! Allez, viens, on rentre.

Chemin faisant, Simba secoua la tête. « Rentrer », désormais, ne signifiait plus retourner au Rocher des Lions, mais dans la clairière. Sa famille, à présent, c'était Timon, Pumbaa et compagnie. Mais tandis que le désert cédait la place à la jungle verdoyante, le jeune lion s'aperçut que, pour la première fois depuis des semaines, cette idée ne le tracassait pas.

Ainsi défilèrent les jours et les années. Les pattes de Simba s'allongèrent. Sa crinière s'étoffa, sa poitrine s'évasa. Il avait beau se nourrir uniquement de larves et de baies, cela ne l'empêchait pas de devenir un bel adulte. Bientôt, il put franchir d'un bond les ruisseaux. Et au lieu de dormir blotti entre Timon et Pumbaa, il servait maintenant de couche à ses deux amis.

Les autres animaux s'habituaient à sa présence – et à son gabarit. Quand ils voulaient atteindre une branche trop haute, ils demandaient à Simba. Et quand un intrus s'aventurait dans la clairière, le grondement du jeune félin suffisait à le chasser.

La paix régnait dans cette clairière, et Simba songeait de moins en moins souvent à sa vie d'avant. Au final, les souvenirs se brouillèrent puis s'effacèrent. Il avait trouvé le bonheur. Le passé était passé. Comme Timon le lui avait enseigné des années plus tôt, il était inutile de ressasser le passé. *Hakuna matata.* Pour Simba et sa nouvelle famille, ça n'était pas qu'une formule. C'était un mode de vie.

Et sa nouvelle vie lui plaisait beaucoup. Il mangeait à volonté, passait des nuits douillettes, avait des amis formidables et pas le moindre ennemi à combattre.

Mais parfois, lorsqu'il contemplait le ciel étoilé, il se demandait si Nala et sa mère admiraient elles aussi ces beautés, si elles avaient le ventre plein, si elles étaient bien en sécurité au Rocher... et si elles pensaient aussi à lui.

Nala promena son regard sur la Terre des Lions – ou plutôt, sur ce qui en restait – et plissa le museau de dégoût. Au loin, elle distinguait un groupe de hyènes galeuses occupées à repousser un troupeau de topis. Elle percevait même les ricanements terribles des hyènes et les cris d'effroi des topis.

La jeune lionne secoua la tête. Comment avait-on pu en arriver là ?

Par la faute de Scar, naturellement.

Depuis qu'il était devenu roi, il avait détruit tout ce que Mufasa avait construit. Les hautes herbes de la savane étaient désormais rases et marron, piétinées par les courses incessantes des hyènes et des bêtes qu'elles pourchassaient. La Terre des Lions était pratiquement déserte. Elle ressemblait davantage au cimetière des éléphants qu'à la région fertile d'autrefois. Des os desséchés jonchaient le paysage, et les rares animaux qui vivaient encore là étaient maigres et faibles : les hyènes dérobaient toute leur nourriture. Enfin, l'étang, que Scar laissait à l'abandon, n'était plus qu'une vulgaire mare boueuse, délaissée depuis longtemps par les hippopotames.

Nala poussa un soupir, puis se tourna vers les autres lionnes. Elles aussi n'étaient plus que les ombres des créatures fières et sublimes qu'elles avaient été jadis. Le manque de nourriture et d'eau, allié à l'épuisement des chasses répétées, les avait affaiblies. Leur poil était terne, leurs regards sans vie.

Nala sentit la rage monter en elle, comme bien souvent. Elle haïssait Scar. Elle exécrait ce qu'il lui avait fait subir, à elle, ainsi qu'à Sarabi et à toutes les bêtes de la Terre des Lions. Scar était un être odieux, égoïste. La jeune féline rêva une fois de plus à ce qui serait advenu si Simba avait survécu à la cavalcade des gnous. *S'il avait été là,* se dit-elle, *rien de tout cela ne se serait produit.*

L'évocation de son vieil ami lui fit venir les larmes. Sa perte avait été la plus dure épreuve de son existence. Elle en souffrait encore, bien plus que de la faim ou des longues chasses inutiles.

Quand elle avait appris les morts de Simba et de Mufasa, Nala s'était d'abord raccrochée à l'espoir de voir son ami revenir un jour. Elle avait cru Sarabi quand celle-ci lui avait affirmé que tout irait bien ; elle avait même laissé le bénéfice du doute à Scar. Mais l'espoir n'avait pas duré. Son ami lui manquait. Elle ne supportait plus de se rendre à l'étang sans lui, ou de prendre son bain sans qu'il soit là pour la faire rigoler. Elle s'était rapidement lassée d'asticoter Zazu. Sans Simba, la vie était plus terne.

Mais à mesure que Scar cédait du pouvoir aux hyènes, sans que les lionnes puissent y changer quoi que ce soit, Nala finit par se détourner de son ami. Elle préférait chercher quelqu'un qui saurait l'aider. Elle n'avait plus que cette idée en tête : amener au Rocher un lion qui vaincrait Scar.

Chaque nuit, elle regardait le ciel étoilé. Simba lui avait répété les paroles de son père : les grands rois du passé les observaient de là-haut. Elle s'efforçait d'y croire, mais c'était de plus en plus difficile.

Et aujourd'hui, alors qu'elle assistait au départ d'un nouveau troupeau, son espoir se brisa un peu plus. Si personne n'agissait, il n'y aurait bientôt plus rien à sauver sur la Terre des Lions.

Des battements d'ailes attirèrent l'attention de Nala. Ses yeux retrouvèrent une lueur. Zazu n'avait pas changé, lui. Le calao refusait de faire son rapport à Scar, il restait fidèle à Sarabi. Tous les matins, sans faute, il venait annoncer les nouvelles – plus souvent mauvaises que bonnes, hélas.

Nala sourit lorsqu'il se posa près d'elle et attendit que Sarabi les rejoigne. La reine marchait toujours la tête haute, d'une allure gracieuse malgré sa maigreur.

— Je t'écoute, Zazu, dit Sarabi en inclinant la tête.

— Votre Majesté, embraya le calao avec une révérence. La Terre des Lions court un grave danger.

Les hyènes sont en train d'en chasser le dernier troupeau.

Au même instant, Azizi et Kamari déboulèrent sur le Rocher. Ils se jetèrent sur Zazu dans un concert de grognements et de glapissements. L'oiseau se réfugia dans les airs. Dans la foulée, Scar fit son apparition.

— Bonjour, mesdames, commença-t-il d'une voix traînante.

Il se dirigea vers le bord du Rocher. Contrairement aux lionnes décharnées, lui avait grossi depuis sa prise de pouvoir. Toutefois, il n'avait rien du mâle puissant et majestueux qu'avait été Mufasa.

Nala le regarda s'affaler sur la pierre chaude en plissant les yeux. Une nouvelle vague de haine déferla en elle quand le « roi » se mit à nettoyer son pelage d'une langue nonchalante. Comme s'il n'avait aucun souci au monde, alors que le territoire qu'il était censé protéger se mourait.

— Nous devons agir, Sarabi, souffla Nala, la mâchoire crispée. Nous devons nous battre !

— Nala, soupira la reine en secouant la tête. (Ça n'était pas la première fois que les deux lionnes abordaient ce sujet.) Scar est notre roi.

— Mais la reine, c'est toi ! Nous ferions mieux de partir avant qu'il soit trop tard.

— Au contraire, nous devons rester, et protéger la Terre des Lions. Nous y sommes chez nous, Nala. Nous ne pourrons jamais l'abandonner.

Nala réprima le cri qui voulait jaillir de sa gorge. Comment Sarabi pouvait-elle dire une chose pareille ? Elles n'étaient plus chez elles dans la Terre des Lions. Le royaume n'était plus que l'ombre piteuse de ce qu'il avait été.

— Sarabi.

La voix de Shenzi interrompit les pensées de Nala. La reine des hyènes se dressait à quelques pas d'elle, ses yeux glaciaux rivés sur les deux lionnes.

— Le roi désire te voir.

— N'y va pas, réagit instantanément Nala.

— Je n'ai pas peur de lui, assura la reine en s'avançant derrière Shenzi.

Moi non plus je n'ai pas peur de lui, songea Nala en la suivant du regard. *Mais Scar n'est pas notre roi. Et nous ne devrions jamais répondre quand il nous convoque. Il ne mérite pas ce respect. Il ne mérite rien de ce qu'il possède...*

Sarabi fronça le museau en approchant de Scar. L'air était chargé de l'odeur du sang. Scar lui tournait le dos. Tête basse, il dégustait une prise que les lionnes avaient réussie pendant la nuit. Il se redressa quand il entendit les pas de sa visiteuse.

— Joins-toi donc à moi, Sarabi, lui proposa-t-il en désignant la viande. Il y en a largement pour deux.

La reine secoua la tête, porta son regard au loin sur la Terre des Lions. Des vautours tournoyaient dans le ciel assombri, le sol était jonché de matières en décomposition.

— Tu chasses plus que nécessaire, Scar, déclara Sarabi en s'efforçant de se contenir.

Elle savait que, aux yeux de Nala, elle passait pour une faible en acceptant de parler à ce monstre. Cette démarche lui était pourtant aussi insupportable qu'à la jeune femelle. Elle souffrait de voir ce que Scar faisait subir au royaume. Presque autant qu'elle avait souffert de perdre Mufasa et Simba. Chaque matin son cœur se brisait face à cette dévastation. Mais Mufasa lui avait appris que certaines batailles se gagnent sur la durée. Elle ne gagnerait rien en affichant sa haine pour Scar.

— Disons que j'ai perfectionné l'art de la chasse, nuança ce dernier, avec l'aide de mon armée.

— Tu détruis tout ! ne put s'empêcher de crier Sarabi.

Scar ne s'emporta pas pour autant. Au contraire, il éclata de rire.

— N'est-ce pas ? gloussa-t-il ensuite. Personne ne peut contester mon pouvoir. Nous pouvons enfin avoir tout ce que nous désirons.

— Tu dis « nous » ? ironisa Sarabi en haussant un sourcil.

— Il y a de cela bien longtemps, opina Scar, tu as préféré Mufasa plutôt que moi. (Son rire s'estompa ; une lueur sombre naquit dans son œil.) Mais aujourd'hui, il y a un nouveau roi – alors je te conseille d'arrêter de jouer les égoïstes.

— C'est toi, qui es égoïste, rétorqua Sarabi sans masquer son dégoût cette fois.

— Les autres lions te respectent. (Scar parlait d'une voix calme, mais Sarabi sentait que cela lui demandait un effort.) Tant que tu résisteras, ils me rejetteront. Prends place à mon côté – et nous festoierons ensemble !

Sa proposition formulée, le maléfique personnage scruta son interlocutrice.

Il lui avait fait cette offre plus d'une fois au cours des années. Les premiers temps, les refus avaient fusé – furieux et définitifs. Sarabi était la reine de Mufasa ; jamais elle ne serait celle d'un autre lion. Mais à voir Scar s'empiffrer de viande fraîche alors que son ventre à elle sonnait creux, elle avait de plus en plus de mal à dire non. Elle savait pourtant que les promesses de ce tyran étaient fausses. Quand bien même elle accepterait de devenir sa reine, jamais il n'accepterait de partager sa nourriture et ses ressources avec les autres lionnes. Son armée de hyènes ne le permettrait jamais. Malgré tout, l'envie de le prendre au mot la titillait.

Mais cette idée s'envola aussi vite qu'elle était venue. Sarabi secoua la tête. Jamais elle n'accepterait son offre.

— Je te l'ai dit et te le répète. Je ne serai jamais ta reine !

Délaissant sa viande, Scar se dressa de toute sa hauteur. Il toisa la femelle et secoua lentement la tête. La réaction de Sarabi ne le surprenait visiblement pas. En revanche, ce qu'il déclara ensuite stupéfia la lionne :

— À compter de ce jour, les lions mangeront après les hyènes, lança-t-il à la cantonade.

Un geste à l'attention de Shenzi et de sa bande, et ces créatures se jetèrent sur les proies rapportées au Rocher. Les bruits de leur festin emplirent aussitôt l'air. Scar les regarda faire un moment avant de se retourner vers Sarabi.

— Et elles ne laissent jamais grand-chose, conclut-il.

Sans un mot de plus, Scar regagna la tanière. Sarabi le suivit du regard, un malaise montait en elle. Aurait-elle commis une erreur ?

CHAPITRE QUINZE

Le calme régnait dans la jungle. Le soleil filtrait à travers les nuages. Ses rayons ainsi affaiblis donnaient une chaleur supportable. Au sol, les animaux quittaient leurs nids ou leurs tanières pour aller manger.

Un impala grignotait les feuilles d'un arbre. Ses longues cornes frottaient les branches et, quand les nuages se déplacèrent, le soleil fit luire son pelage brun doré.

Mais soudain, le calme fut rompu. Une brindille cassa.

L'impala se figea. Les yeux écarquillés, il scrutait alentour. N'apercevant aucun danger, il allait reprendre son repas, lorsqu'un gigantesque lion jaillit des herbes et se jeta sur lui.

L'impala se réfugia dans un buisson épais.

Le félin s'immobilisa. Puis il sourit.

— Hé, lança Simba à l'impala. Tu as vu ça ? J'ai failli l'avoir, ce papillon ! (Puis, perplexe, il inclina la tête et demanda :) Mais qu'est-ce que tu fabriques dans ce buisson ?

Il ne se rendait pas compte que, aux yeux de l'impala, il avait tout d'un prédateur.

L'herbivore le salua d'un signe de tête puis décampa, le laissant bête. Il s'interrogeait encore, quand Timon et Pumbaa le rejoignirent. Le suricate lui caressa sa crinière à présent longue, épaisse, et d'un rouge profond.

— Laisse tomber, mon vieux... confia-t-il au félin. Les créatures fragiles comme cet impala ne voudront jamais s'amuser avec toi.

— Mais pourquoi ? répliqua Simba.

Il ne comprenait pas. Il n'avait pas voulu faire de mal à l'impala, il chassait simplement un papillon.

Timon l'entraîna vers la clairière. Le trio marcha un moment sans rien dire. Simba laissait ses pensées dériver comme les nuages dans le ciel. Il y avait des années qu'aucun de ses amis de la jungle ne le rejetait plus. Les premiers temps, le ratel, la musaraigne et même le bousier se méfiaient de lui. Ils le considéraient comme une bête féroce, alors qu'il n'était qu'un lionceau. Mais le temps aidant, ils avaient fini par s'habituer à sa présence. Cela dit, les moments comme celui qu'il venait de vivre lui rappelaient qu'il était toujours un lion, même s'il n'avait plus de tribu.

Au détour d'une gigantesque termitière, il aperçut ses autres amis qui cherchaient désespérément à y pénétrer. Timon regarda dans la même direction que lui et reprit le fil de leur conversation :

— La nature est un équilibre délicat, tu vois.

— Le cycle de la vie, merci, je connais, répondit Simba.

Il n'y avait plus songé depuis des années, mais il n'avait pas oublié. C'est le cycle de la vie, qui lui avait arraché son père. Son père. Il n'avait plus pensé à lui depuis fort longtemps. Chassant la tristesse qui s'immisçait en lui, Simba se propulsa contre la termitière. Leur maison démolie, les termites s'enfuirent à toutes pattes.

— Le cycle ? fit Timon. Mais qu'est-ce que tu me chantes ? Moi je te parle du Sentier Perdu de l'Indifférence.

— C'est un sentier, voulut expliciter Pumbaa, vers lequel on se précipite tous, paralysés de peur.

Simba réprima un gros éclat de rire en voyant le phacochère ouvrir grand la bouche et plaquer ses sabots contre ses joues. Puis l'animal partit au trot - et percuta un arbre.

— Un sentier qui ne mène nulle part, développa Timon tandis que Pumbaa les rejoignait en secouant la tête.

— Parce qu'il est perdu, précisa le phacochère.

— Le Sentier Perdu de l'Indifférence, conclut Timon.

Simba se mit à arracher l'écorce d'un arbre. Il fit ainsi pleuvoir les larves, dont il saisit une poignée avant de se retourner vers ses amis.

— Vous êtes sûrs que ça n'est pas plutôt comme une chaîne ? demanda-t-il.

Aurait-il oublié la leçon de son père ? Il secoua la tête. Non, Mufasa avait bien parlé d'un cycle, d'une chaîne.

— Une chaîne qui relierait toutes les créatures... insista-t-il.

Cette fois, c'est Pumbaa qui parut perplexe.

— Tu dis n'importe quoi ! pesta-t-il. Si c'était une chaîne, alors mes actions auraient des conséquences sur tout le monde ? C'est ridicule !

Comme pour le prouver, il éclata de rire... et lâcha un pet.

Simba n'eut pas le temps de répliquer que oui, en effet, les actions de Pumbaa avaient des conséquences sur lui. Timon intervint en effet :

— Aujourd'hui, c'est le grand jour, Simba. C'est toi qui vas nous mijoter un plan.

— Pense bien à tout ce qu'on t'a enseigné, embraya Pumbaa. Le sentier conduit...

— Absolument nulle part ? compléta Simba.

Ce devait être la bonne réponse, car ses deux amis bondirent de joie. Une longue journée de farniente total - une de plus ! - s'ouvrait pour eux. Simba enfourna une poignée de termites, un grand sourire aux lèvres. Timon et Pumbaa n'avaient peut-être pas tort. L'indifférence valait franchement mieux que trop de sentiments.

Le soleil était couché depuis longtemps lorsque Simba, Timon et Pumbaa s'allongèrent au beau milieu de la clairière. Les étoiles scintillaient dans le ciel, une douce brise caressait la jungle. Tout était calme et splendide.

Jusqu'à ce que Simba rote.

— Joli ! commenta Timon.

— Merci, répondit fièrement le jeune lion. C'est sûrement grâce aux termites.

Comme pour surenchérir, Pumbaa émit alors un gros pet et s'esclaffa :

— Ou bien les grillons !

— Et on se demande pourquoi je préfère dormir dans un terrier... pesta Timon en s'éventant le nez.

Mais il souriait. L'intervention de son ami ne le dérangeait pas tant que ça. Il y était habitué, à force.

Et le silence s'abattit de nouveau, uniquement troublé par les respirations de la petite troupe. Au bout d'un moment, le phacochère se tourna vers le suricate :

— Timon... ? Tu t'es déjà demandé ce que c'était que ces petits points brillants, là-haut ?

— C'est pas la peine que je me le demande, je le sais, répliqua son ami.

— Oh... Et c'est quoi ?

Timon se rassit, s'éclaircit la voix, ravi une fois de plus d'étaler son savoir.

— Des lucioles, Pumbaa. Un genre de ver qui reste collé sur cette espèce de machin bleu-marron.

Pumbaa plissa légèrement les sourcils. Ça n'était pas la réponse qu'il attendait.

— Moi je pensais que c'était des bulles de gaz qui brûlaient à des millions de kilomètres de nous, déclara-t-il.

Simba écoutait l'échange d'une oreille distraite. Il scrutait les étoiles, l'esprit taraudé par un souvenir flou... Il se rappelait avoir contemplé ce même ciel par une nuit aussi paisible que celle-ci. Un souvenir agréable, avant la grande tragédie.

— Simba, qu'est-ce que tu en penses ?

La question de Pumbaa tira le lion de sa rêverie.

— Moi... j'en sais rien, souffla-t-il. On m'a dit une fois que c'était les grands monarques du passé, et qu'ils nous protégeaient.

La conversation resta un moment en suspens... après quoi Timon et Pumbaa éclatèrent de rire.

— Elle est bien bonne, celle-là ! pouffa Pumbaa en se tenant les côtes.

— Des macchabées de rois qui resteraient là à veiller sur nous ! s'étrangla Timon. Pourvu qu'ils ne tombent pas de leur perchoir !

Aussitôt, il se couvrit la figure à deux pattes et fit semblant d'éviter des météorites. Quand enfin l'hilarité cessa, le suricate se tourna vers Simba.

— Réfléchis deux secondes, lui dit-il. Pourquoi veux-tu qu'une bande de rois veillent sur nous ? Nos tribus nous ont rejetés, je te rappelle.

Simba se releva en secouant la tête. Il savait que ses amis ne pensaient pas à mal, mais les entendre rire des paroles de son père lui tordait le cœur. Il leur tourna le dos et s'éloigna d'un pas lent. Il avait besoin d'être seul.

L'air était toujours paisible quand il sortit de la clairière et gagna une colline toute proche. L'endroit était devenu son refuge privilégié. Dépourvu de cachettes, on y croisait rarement du monde, et Simba pouvait admirer le paysage jusqu'à l'horizon sans être dérangé. Plus jeune, ce lieu lui rappelait le Rocher des Lions. Il y passait des heures, allongé au bord du vide, à rêver que son père apparaisse là, en contrebas. Il imaginait Nala surgissant d'un buisson, ses grands yeux verts tout rieurs. Dans les moments les plus durs, il songeait à sa mère, se rappelait avec nostalgie la chaleur de son corps.

Parvenu au sommet de la colline, il s'affala. Le mouvement fit voler une bouffée de poussière qu'il regarda s'éloigner, s'éloigner, puis disparaître. Ça n'est qu'alors qu'il osa lever la tête.

Les étoiles lui parurent plus proches. Un soupir triste lui échappa tandis que, dans la douce brise, il entendait de nouveau la voix de son père, sentait de nouveau les caresses de sa mère. À son grand étonnement, une larme coula sur sa joue. Il n'avait plus pleuré depuis longtemps, et cette réaction le troubla. De rage, il essuya cette larme, projetant une mèche de poils dans le vide.

Simba savait pourtant bien qu'il n'était pas en colère. Triste, voilà tout. Triste parce que, malgré les années écoulées, il ne pouvait échapper aux fantômes de son passé. Mufasa demeurait là, à proximité, sa voix grave était la conscience de Simba. C'était lui, la voix qui le poussait à agir, quand Timon et Pumbaa se complaisaient dans l'inaction. Les souvenirs du Rocher et de sa vie d'avant empêchaient Simba de s'abandonner entièrement à la philosophie d'*hakuna matata*.

Il secoua la tête comme pour endiguer le flot d'émotions qui grossissait en lui. Il ne voulait plus songer au Rocher des Lions, ni s'inquiéter de sa tribu. Personne là-bas ne devait songer à lui, d'ailleurs. Les lionnes s'occupaient sans doute de chasser, les troupeaux de manger. Zazu faisait sûrement encore ses rapports quotidiens. Et Nala ? Nala... Nala devait s'amuser avec son nouveau meilleur ami.

Simba se releva. Non, décidément, ressasser le passé ne servait à rien. Le passé, c'était le passé. Les étoiles étaient sans doute des lucioles accrochées à un grand néant noir. Il ferait mieux de retourner dans la clairière – chez lui.

CHAPITRE SEIZE

Nala ouvrit les yeux. Alentour, elle entendait les respirations régulières des autres lionnes et, au-delà, les ronflements des hyènes. Elle se leva, contourna sans bruit les corps endormis de ses amis, et gagna l'entrée de la tanière.

Sarabi était elle aussi réveillée. La tête droite, elle contemplait en silence le royaume désolé. Son regard assombri, gorgé d'émotion. Même en pleine nuit, les dégâts provoqués par Scar et les hyènes étaient manifestes. On n'entendait pas un animal nocturne, pas un oiseau de nuit, pas un éléphant qui barrisse. Toutes ces bêtes étaient parties depuis belle lurette. Les seules créatures vivantes à demeurer dans la Terre des Lions étaient les lions, justement, les hyènes et de rares animaux solitaires.

Sarabi se tourna lentement vers la jeune lionne.

— Je ne peux rien dire qui te fasse changer d'avis, tu en es sûre ? murmura-t-elle.

Nala le lui confirma d'un hochement de tête. Elle savait que Sarabi redoutait ce moment depuis longtemps. Mais elles n'avaient pas le choix. La situation était trop critique. Un changement s'imposait. Et Nala s'était résolue à partir en expédition quand personne ne s'était porté volontaire. Les lionnes avaient ébauché des plans en cachette, envisagé des solutions qui éviteraient à Nala de se lancer à l'aventure. Mais chaque fois elles en étaient arrivées à la même conclusion. Ou plutôt, c'est Nala elle-même qui en était arrivée à sa propre conclusion.

— Je dois aller chercher de l'aide, Sarabi, affirma-t-elle. Je me dois d'essayer. Tu diras à ma mère de ne pas s'inquiéter – je promets de revenir.

Elle allait pour partir… mais hésita. Son regard s'attarda sur les lionnes épuisées, amaigries, aux yeux gonflés d'émotions cachées. Elles avaient tant souffert, et sans raison. Elles avaient assisté à la ruine du territoire qu'elles aimaient. Nala ne pouvait pas les abandonner.

Toutefois, tandis qu'elle s'éloignait dans un frottement de coussinets, elle ne pouvait s'empêcher de s'interroger : qu'adviendrait-il si elle ne trouvait personne qui accepte de les aider ? Si elle échouait ? Qu'adviendrait-il de la Terre des Lions ? Et surtout : quelles seraient les conséquences pour Sarabi, Sarafina et toutes les autres lionnes ? Nala s'arrêta sur le seuil de la tanière, et regarda une dernière fois en arrière.

Puis elle secoua la tête et sortit. Sitôt dehors, elle prit une longue inspiration avant de se glisser parmi les ténèbres, et de laisser derrière elle les hyènes endormies et sa tribu de lionnes loyales.

Je reviendrai, oui, jura-t-elle tandis que les ronflements des hyènes s'estompaient et que le silence de la nuit l'enveloppait. *J'en fais le serment. Je ramènerai du secours, quel que soit le temps que ça me prenne, même si je dois voyager au bout du monde. La réponse est forcément quelque part. Forcément.*

Une bonne nuit de sommeil faisait parfois des miracles. Au réveil, Simba était prêt à laisser le passé derrière lui – une fois de plus. Il se dressa sur ses pattes, bâilla, s'étira, et secoua sa crinière pour chasser les poils de devant ses yeux. Après quoi il s'offrit une poignée de larves et s'assit afin de faire le point. Il avait envie d'un peu d'action, aujourd'hui. Juste un peu, attention. Une promenade dans la jungle, pourquoi pas ? Ça leur ferait du bien, à ses amis et lui, de sortir un peu de la clairière.

Son plan en tête, il alla réveiller Timon et Pumbaa. Bientôt, le trio s'engageait dans la jungle. Tout était tranquille en ce début de matinée. Les animaux n'avaient pas encore quitté leurs nids, leurs terriers ou leurs tanières. Simba marchait d'un bon pas, savourait le calme.

C'est le moment que Timon choisit pour chanter.

La tête penchée en arrière, le suricate se mit à roucouler. Timidement, d'abord, puis avec de plus en plus de force mais... de moins en moins de justesse. Simba partit d'un fou rire. Et quand Timon attaqua le refrain, Pumbaa se joignit à lui, et Simba agita la tête en rythme.

Mais le phacochère se laissa emporter par la musique, il ferma les yeux, chanta à tue-tête. Simba ne remarqua même pas que son ami ne les suivait plus. Jusqu'à ce qu'il l'entende hurler. Très fort.

Simba regarda aussitôt alentour, guettant ce qui avait pu faire peur ainsi à Pumbaa. Il le découvrit immédiatement, à sa grande surprise et à sa grande horreur. Une lionne pourchassait Pumbaa, les babines retroussées, les poils de la nuque hérissés.

Pris de panique, Pumbaa courait à s'en décrocher les pattes, zigzaguait entre les branches tombées, bondissait par-dessus les rochers. Hélas, c'était peine perdue. En une poignée de secondes, la lionne l'accula contre un arbre.

N'écoutant que son instinct, Simba vola au secours de son ami. Il repéra très vite une branche basse qui surplombait Pumbaa. Il se jeta dessus, la dévala et jaillit à l'instant même où la lionne s'apprêtait à frapper.

Le choc vida ses poumons quand il s'écrasa sur la femelle. Son élan les envoya rouler dans un tapis de feuilles mortes. Les deux félins grognaient, se débattaient, cherchaient à prendre le dessus... jusqu'à ce que la lionne parvienne à plaquer Simba au sol, sur le dos. Le malheureux n'arrivait pas à se dégager. Son adversaire était plus forte qu'elle n'en avait l'air. Et plus il luttait, plus elle redoublait de férocité.

Mais soudain, à sa grande surprise, la femelle lâcha prise. Ses yeux s'écarquillèrent, elle hoqueta.

— Simba ? s'étrangla-t-elle en bondissant à l'écart.

Sitôt que l'inconnue eut prononcé son nom, Simba resta bouche bée. Non... Ça n'était pas possible... Il secoua la tête afin de s'éclaircir les idées. Aucun doute, pourtant : les yeux verts qui le contemplaient étaient bien ceux de...

— Nala ? fit-il, incrédule.

— C'est bien toi ? le relança celle-ci.

Simba se remit debout, acquiesça et s'écria :

— Mais oui, c'est moi !

Aussitôt il courut enlacer sa vieille amie. Un rire hystérique bouillonnait en lui. Nala ! Nala dans la jungle !

— Simba ! s'extasia la lionne en se dégageant. (Son regard soudain sérieux étouffa le rire de Simba.) Je croyais que tu étais mort !

Mort ? Comment ça ? Qu'avait bien pu lui raconter Scar ? Son esprit s'emballa. Les premiers jours, dans la jungle, il avait rêvé de ce moment. Et puis le rêve s'était estompé, et Simba avait dû se faire à l'idée que Nala et le reste de la tribu l'avaient oublié. Se serait-il trompé ? Il observait son amie sans savoir quoi dire.

— Moi aussi, j'ai cru que j'étais mort, glissa Pumbaa.

— Qu'est-ce que c'est que ce cirque ? pesta Timon.

Simba se tira de sa transe et se tourna vers les deux créatures :

— Timon, Pumbaa - je vous présente mon amie d'enfance, Nala.

— Ravissant prénom, déclara Pumbaa.

Timon avait du mal à suivre. Il observait tour à tour les deux lions et finit par dire :

— Attendez, il faut que je me concentre. Tu la connais. Elle te connaît. Mais lui, elle veut le manger. (Il désigna Pumbaa, qui haussa les épaules.) Et tout le monde trouve ça très naturel ? J'exige de comprendre !

— Je suis ravi de vous rencontrer, déclara Pumbaa en s'avançant.

— Ouh-là, pas trop près non plus, lui conseilla Timon. Regarde-la, elle ne pense qu'à croquer tes côtelettes.

Simba dut bien reconnaître que le suricate n'avait pas tort. Nala salivait en détaillant Pumbaa. Mais il savait qu'elle ne lui ferait pas de mal. Nala était son amie. Son amie d'enfance. Elle semblait certes affamée, et il n'aurait jamais cru la voir si amaigrie, mais elle n'allait sûrement pas dévorer un être auquel il tenait.

— C'est pas croyable, avoua-t-il. Tu vas adorer la vie dans la jungle, je te promets, c'est génial !

Mais Nala inclina la tête, elle ne suivait pas son raisonnement.

— Simba… Nous ne pouvons pas rester. Scar a pris le pouvoir en s'alliant avec les hyènes. Tu dois revenir parmi nous, c'est toi le roi !

Simba ne sut quoi répondre. L'excitation passée, il lut la peur sur le visage de la lionne. La fatigue, aussi. Mais elle se faisait des idées : il ne pouvait pas retourner au Rocher des Lions. Il n'y avait plus sa place. Cette vie-là était reléguée au passé. Il s'apprêtait à le lui expliquer, quand Timon le devança :

— Simba ? Le roi ? Très chère, je crois que vous yoyotez sérieusement de la crinière !

Pumbaa, lui, prenait la chose très au sérieux. Il s'inclina immédiatement en une ample révérence devant Simba.

— Pumbaa… le corrigea ce dernier en l'aidant à se relever. Elle se trompe.

Il sentit le regard de Nala peser sur lui mais ne se retourna pas. Au lieu de ça, il se mit à faire les cent pas. Comment la magie de ce moment avait-elle pu s'envoler si vite ? Il était plus qu'heureux de retrouver Nala. Mais repenser à tout ce qu'il avait perdu l'accablait.

— Te revoir aujourd'hui… souffla la lionne. Tu ignores ce que ça veut dire pour tout le monde. Tu dois rentrer chez nous.

— Chez moi, c'est ici, répliqua Simba.

Il s'approcha de Nala. Se planta juste devant elle. Leurs regards se rivèrent l'un sur l'autre et, l'espace d'un instant, Simba oublia ce qu'il voulait ajouter. Dans la pénombre trouée de lumière, Nala semblait… différente. Elle ressemblait à l'amie d'enfance qu'il avait quittée, mais avec un supplément de sagesse et de force. Comme si elle portait un poids immense sur ses épaules depuis trop longtemps. Rien ne l'obligeait à s'infliger ce calvaire un jour de plus. Elle n'avait qu'à s'installer dans la jungle !

— Reste avec moi, finit par l'implorer Simba. Ici. Tu verras, c'est formidable. Tu vas adorer !

— Je ne peux pas… commença la lionne.

— S'il te plaît, insista Simba. Laisse-moi au moins te faire visiter !

Pour mieux la convaincre, il lui fit sa moue de chaton – comme quand ils étaient petits et qu'elle hésitait à le suivre. Un petit sourire étira les babines de Nala, et elle finit par hocher la tête.

Il n'en fallut pas plus pour Simba, qui se mit aussitôt en route. Il voulait lui montrer toutes les merveilles de la jungle. Mais surtout, pour une raison qui lui échappait encore, il voulait à tout prix qu'elle reste auprès de lui.

CHAPITRE DIX-SEPT

Nala suivait Simba, tout absorbée par ses pensées. Elle avait quitté la Terre des Lions pour chercher du secours. C'est ainsi qu'elle avait retrouvé Simba. Elle n'aurait pu rêver mieux. À l'instant où elle l'avait reconnu, elle avait senti l'espoir renaître en elle. Un espoir fou. Hélas, quand elle avait évoqué la situation dans la Terre des Lions, il était resté muet. Pire, il avait refusé de retourner dans son royaume. Elle n'y comprenait rien. Que pouvait-il trouver de si formidable dans cette jungle ?

Dans les buissons, derrière eux, Nala entendait Timon et Pumbaa qui parlaient d'eux. Ou plutôt, elle entendait le suricate qui ne parlait que d'elle. La jeune lionne plissa le front quand cet effronté expliqua à Pumbaa que sa présence n'annonçait rien de bon. Elle ne menaçait pourtant personne. Simba avait déjà refusé de la suivre, d'ailleurs.

Elle soupira pour mieux chasser sa peine, et pressa le pas. Autant profiter du peu de temps qu'elle avait à passer en compagnie de Simba. Elle découvrit alors que celui-ci s'était arrêté sur la berge d'une rivière. L'eau scintillait au soleil et créait de minuscules arcs-en-ciel à la surface. Nala resta stupéfaite quand un rayon perça les nuages et illumina Simba. À cet instant, il ne ressemblait plus en rien au lionceau qu'elle avait connu ; il ressemblait à son père. La puissance et la force qu'il dégageait étaient celles d'un roi. Le roi qu'il devrait être – si seulement il voulait bien ouvrir les yeux.

Simba ne se doutait pas des pensées qui agitaient son amie. Il plongea une patte dans l'eau, et l'éclaboussa pour jouer. Nala éclata de rire et riposta immédiatement. Les voilà bientôt qui s'amusaient et gloussaient comme autrefois, au bord de l'étang.

Le reste de l'après-midi, Simba fit découvrir à Nala cette jungle où il était chez lui. Un spectacle enchanteur pour la jeune lionne qui sortait de tant d'années passées sous la férule de Scar, à voir la Terre des Lions dépérir peu à peu. Les arbres aux épais feuillages verdoyants dominaient un sol souple où l'on marchait sans craindre pour ses coussinets. L'air embaumait les parfums de dizaines de plantes, les chutes d'eau voisines apportaient une touche d'humidité bienvenue. Nala souriait... non seulement de voir Simba folâtrer comme un lionceau, mais aussi face à tant de beauté. Elle comprit que son ami avait trouvé le bonheur dans cette jungle.

Sans prévenir, elle bondit sur une branche et observa Simba qui la cherchait du regard. Les deux amis s'engageaient dans une partie de cache-cache, comme au bon vieux temps. Mais tellement différente à la fois. De son perchoir, Nala contemplait l'épaisse crinière de Simba, ses épaules larges et les muscles puissants qui roulaient sous son pelage doré. Simba dut sentir son regard, car il leva les yeux vers elle, et lui adressa un tendre sourire.

Le soir tombait sur la jungle, tamisait la lumière, et Nala ne put s'empêcher de songer que Simba lui cachait quelque chose. Quoi ? Elle n'en avait aucune idée. Mais chaque fois qu'ils se rapprochaient un peu trop, il se dégageait. Chaque fois qu'elle évoquait la Terre des Lions, il perdait le sourire et son regard s'assombrissait.

Si seulement il se confiait à moi, se disait Nala tandis qu'ils regagnaient la clairière. *Si seulement il m'expliquait ce qui se passe, je pourrais l'aider...*

— Nala, l'interpella Simba en rompant le silence agréable qui s'était créé autour d'eux. Regarde comme c'est beau. Je veux que tu restes avec moi, ici.

— C'est magnifique, acquiesça la lionne. Mais il y a quelque chose que je ne comprends pas.

Elle s'interrompit. Elle craignait de briser la magie du moment si elle poursuivait. Mais très vite elle secoua la tête : elle voulait des réponses.

— Au lieu de rester ici pendant si longtemps, pourquoi n'es-tu pas revenu à la Terre des Lions ? Nous avions tant besoin de toi.

— Personne n'a besoin de moi, répliqua Simba d'une voix si triste que Nala en eut le cœur brisé.

— Tu es le roi, souffla la lionne.

Tout le monde a besoin de toi, ajouta-t-elle à part.

— Le roi, c'est Scar, la corrigea Simba.

Ces mots ravivèrent la colère de Nala. Colère contre Simba, qui refusait de voir la réalité en face. Colère contre Scar. Colère contre tout.

— Simba... Il a décimé le royaume. Il n'y a plus d'eau ni de nourriture...

— Que veux-tu que j'y fasse ? la coupa son ami.

Aussitôt, il se détourna de la rivière pour se diriger vers la jungle. Les épaules crispées. Nala sut qu'il luttait contre une émotion qu'il se refusait à lui montrer.

La jeune féline était partagée entre l'envie de réconforter Simba, et la colère.

— As-tu pensé à ta mère ? lui lança-t-elle.

Elle espérait, en évoquant Sarabi, percer la muraille que Simba avait érigée autour de son cœur.

— C'est ta responsabilité, insista-t-elle. Tu dois aller défier Scar !

— Non, trancha Simba. Je ne peux pas retourner au royaume. C'est fini.

— Mais pourquoi ? À cause de ce qui s'est passé dans le canyon ? Scar nous a raconté...

— Tu ne comprendrais pas, la coupa Simba. (Il secoua la tête et s'éloigna.) Tout ça n'a plus aucune importance. *Hakuna matata*.

Il avait vu juste. Elle ne comprenait pas. *Hakuna matata* ? Que lui chantait-il là ? Qu'est-ce qui l'empêchait de retourner assumer son rôle de roi ? Le visage de la jeune lionne devait trahir sa confusion, car son ami explicita :

— C'est une formule que j'ai apprise ici. Il y a des choses dans la vie qui tournent mal, et on n'y peut rien. Alors pourquoi s'en faire ?

— Pourquoi s'en faire ? répéta Nala en secouant la tête.

Elle scruta Simba un long moment, cherchait à revoir dans ses traits le lionceau qu'elle avait connu. Hélas, elle n'avait face à elle qu'un étranger. Un lion qui tournait le dos à sa famille parce qu'il ne voulait pas s'en faire. Un souvenir fusa dans son esprit : Simba, petit, qui suivait son père, les yeux pleins d'adoration. Ce Simba-là ne refusait jamais la bagarre. Jamais.

— Tu as tellement changé... finit-elle par soupirer. Tu n'es plus le Simba de mon enfance.

— Non, c'est vrai, grogna Simba. Voilà, tu es satisfaite ?

— Non, répliqua Nala, peinée. Simplement déçue.

— Tu commences à parler comme mon père !

Simba avait prononcé ces paroles avec dans la voix une férocité soudaine qui fit sursauter Nala.

Malgré tout, celle-ci ajouta encore, quitte à froisser son ami :

— Tant mieux. Il faut bien que quelqu'un le fasse.

La pique fit mouche. Simba redressa la tête. La tension entre les deux lions s'épaissit un peu plus.

— Tu ne sais même pas par quoi je suis passé ! tonna-t-il, les yeux luisants.

Nala poussa un soupir. En effet, elle n'en savait rien. Mais parce qu'il refusait de se confier ! S'il s'entêtait à garder le secret, elle était impuissante. Alors, à bout d'arguments, elle déclara :

— Tu n'imagines pas combien ça me peine de te l'annoncer, mais je vais m'en aller. Demain, à l'aube.

Un dernier regard à Simba, et elle disparut dans la jungle. Elle s'arrêta dans l'obscurité, avec l'espoir que son ami viendrait la rejoindre. Mais rien ne troubla le silence de la jungle.

Nala poussa un nouveau soupir, et reprit sa marche. Elle avait tenté sa chance – et échoué. Il ne lui restait plus qu'à rentrer à la Terre des Lions et annoncer à Sarabi qu'elle avait retrouvé Simba – et l'avait encore perdu.

La nuit avait refermé ses ailes sur la jungle. Les bêtes dormaient, tout était calme. Seul Simba errait, la tête basse, la gorge nouée, les larmes aux yeux. Pourquoi Nala l'avait-elle retrouvé ? À quoi bon ? Elle n'avait fait que raviver la peine qu'il s'efforçait de chasser depuis si longtemps.

Il avait écouté tout ce qu'elle lui avait dit. Il n'en avait rien montré, mais il avait entendu que la tribu souffrait, que le royaume était détruit, que sa mère vivait dans l'angoisse. Qu'y pouvait-il ? Rentrer au royaume ne ferait qu'aggraver la situation. Il avait bien été tenté de tout expliquer à Nala, en priant pour qu'ainsi elle comprenne sa décision. Hélas, chaque fois qu'il avait été sur le point de le faire, quelque chose l'avait retenu.

Rageur, il secoua la tête pour déloger les pensées qui tourbillonnaient à l'intérieur. Ça n'était pas la vie que Timon et Pumbaa lui avaient fait découvrir. Le passé était le passé. Il ne devait plus y toucher.

Tout à coup, le vent lui apporta un drôle de bruit. Simba tressaillit et se figea. Ce bruit... il le connaissait. Une espèce d'incantation, de chant. Intrigué, il se dirigea vers la jungle.

Simba ne vit d'abord rien. Puis, quand ses yeux furent habitués à l'obscurité, il distingua la silhouette d'un singe aux épaules voûtées par l'âge, perché sur un arbre. Qui chantonnait tout seul.

Se laissant guider par la voix du primate, Simba s'enfonça dans la jungle. Mais lorsqu'il fut près du singe, celui-ci bondit sur un arbre voisin. Puis le suivant. Et un quatrième ensuite. Simba ne le lâchait pas d'un pouce. Et le rire un peu fou – et étrangement familier – de cette créature résonnait dans la jungle.

Enfin, sans plus d'explication, le rire cessa, et le singe disparut. *J'hallucine peut-être,* songea Simba en secouant la tête. *Tout cela n'est peut-être qu'un rêve loufoque, je repense à ma vie d'avant à cause de Nala...* Mais brusquement, le singe réapparut, sur une nouvelle branche.

— Tu peux mettre un bémol ? lui lança Simba, exaspéré par sa chansonnette.

— Pas question, s'esclaffa le primate. Je connais la musique !

— Sale petit ouistiti... Arrête ce cirque !

Cette fois, le singe ne rigola pas. Non : il se frappa la tête avec le long bâton sur lequel il s'appuyait.

— Ce n'est pas en t'en allant que tu répondras à la question ! affirma-t-il.

— Quelle question ? lui renvoya Simba, que la discussion fatiguait déjà. Et d'abord, qui es-tu ?

— Je sais précisément qui je suis. Dis-moi plutôt... qui tu es.

— Moi, je ne suis personne. Alors fiche-moi la paix !

— Personne n'est personne.

— Je crois que tu as l'esprit embrouillé... estima Simba.

— Et toi tu ne sais même pas qui tu es ! répliqua le singe avant de produire un nouveau rire.

— Tu le sais, toi, peut-être ?

Le vieux singe descendit de son arbre et s'avança vers Simba en fredonnant. Lorsqu'il fut museau à museau avec le lion, il sourit et déclara :

— J'ai tenu entre mes pattes le fils de Mufasa.

Ces paroles firent plus d'effet à Simba qu'un coup de bâton.

— Tu connaissais mon père ? souffla-t-il.

— Correction, lui rétorqua le singe, je *connais* ton père.

Simba en resta bête. Ça n'était pas possible. Son père était mort depuis fort longtemps. Pour qui se prenait ce vieux fou, à venir lui raconter de pareilles sornettes ?

Rafiki.

Le nom lui revint subitement. Rafiki. L'ami et conseiller de son père. Le mandrill qui avait présenté bébé Simba à la Terre des Lions, et qui l'avait toujours fasciné avec ses drôles de chansons et ses drôles d'histoires. Ce singe était Rafiki.

Celui-ci hocha la tête en voyant que Simba le reconnaissait.

— Il est vivant, et je vais te le prouver. Suis-moi ! (Une pause. Un sourire espiègle.) Si je ne suis pas trop rapide pour toi…

Sans attendre de réponse, Rafiki s'élança. Son rire résonnait d'arbre en arbre. Simba n'hésita pas un instant, et obéit. Son cœur cognait fort. C'est à peine si le jeune lion sentait les branches des buissons qui lui fouettaient la figure. Il n'entendait que les paroles de Rafiki qui tournaient en boucle dans son crâne. Son père était vivant. Par quel miracle ? Le doute le tenaillait, le ralentissait.

— Ton père attend ! le pressa Rafiki. Ne traîne pas !

— Une minute ! répliqua Simba.

Mais le singe était déjà reparti, se balançant d'arbre en arbre. Pour un vieux primate, il tenait un sacré rythme, Simba avait du mal à le suivre.

Et Rafiki finit par s'immobiliser. Simba leva la tête, tout essoufflé. Le singe se dressait au bord d'un étang.

— Tu le vois ? demanda-t-il en désignant l'eau étale.

Simba scruta alentour, perplexe. Il ne voyait rien. Hormis l'étang, Rafiki et un peu de végétation.

— Non, répondit-il.

— Approche, insista le singe en désignant l'étang du bout de son bâton.

À pas lent, Simba alla plonger son regard dans l'eau. Une brise légère rida la surface. Simba plissa les yeux. Il ne voyait toujours rien. Mais quand l'eau se figea, il aperçut son reflet. Un peu flou d'abord, puis de plus en plus net.

Il y avait des années qu'il n'avait plus regardé son reflet. Il en eut le souffle coupé. Le lionceau d'autrefois avait disparu. Sa crinière avait bien poussé, avec les années, sa tête s'était élargie, ses épaules s'étaient étoffées. Simba se pencha davantage et s'aperçut qu'il ressemblait à son père.

CHAPITRE DIX-HUIT

— Tu vois ? demanda Rafiki. Il vit en toi.

La voix du singe prit Simba par surprise. Le lion tressaillit. Pourtant, il ne quitta pas des yeux son reflet. Il n'avait rien vu d'aussi proche de son père depuis une éternité. Son regard s'embua, une larme tomba dans l'eau, troubla le reflet.

— Simba.

Simba releva la tête. La voix qui venait de parler était grave et familière. Un vrai choc. Le jeune félin frissonna. Dans le ciel, les nuages se mirent à danser, se rassembler, se transformer pour composer le portrait de son père. Mufasa toisait son fils, d'un regard plein de sagesse et de bonté.

— Père ? prononça, incrédule, Simba.

D'autres nuages encore s'amoncelèrent, l'éclair zébra le ciel, le tonnerre gronda. Il y avait de l'électricité dans l'air, et comme une odeur de pluie.

Sensation magique dont Simba raffolait, enfant. La promesse de l'eau bienfaitrice. Promesse de changement et de transformation. Et voilà que ce phénomène lui apportait à présent son père.

Mufasa sourit à son fils.

— Simba, dit-il d'une voix pareille au tonnerre. Il te faut reprendre ta place dans le Cycle de la Vie.

— Je ne peux pas, répondit tout bas Simba.

Faire cet aveu à son père était plus dur qu'à Rafiki ou Nala. Hélas, rien n'avait changé. Son père lui était certes apparu, mais il n'avait pas ressuscité. Et Simba savait qu'il était le seul coupable. Il ne pouvait pas décevoir son père - pas une seconde fois.

— N'oublie pas qui tu es, ajouta Mufasa. Tu es le seul vrai roi.

— Je suis désolé, grimaça Simba, mais j'ignore quoi faire pour devenir comme toi.

— En tant que roi, ce dont j'étais le plus fier... déclara l'ancien monarque d'une voix adoucie et empreinte de nostalgie. C'était de t'avoir comme fils.

Ces paroles bouleversèrent Simba. Un sanglot s'étrangla dans sa gorge. Il aurait voulu dire à son père combien ces mots lui faisaient du bien. Il aurait voulu se jeter sur son dos, se blottir dans sa crinière et retrouver la sécurité et le confort qu'il y éprouvait, lionceau. Il aurait tant voulu lui dire tout ce qu'il avait sur le cœur, et obtenir son pardon. Mais surtout, il aurait voulu que son père soit vivant.

— Tout ça, souffla-t-il, c'était il y a très longtemps.

Là, à sa grande surprise, Mufasa secoua la tête.

— Non, Simba, rectifia-t-il. Tout cela est éternel.

Les nuages semblèrent rouler plus vite, et l'image de Mufasa se déplaçait avec eux, s'effaçait peu à peu.

— Je t'en supplie, non ! tenta de le retenir Simba en s'élançant à la poursuite des nuages. Tu m'as déjà abandonné une fois, ne recommence pas.

— Je ne t'ai jamais abandonné, le contra Mufasa.

Les nuages s'éloignaient de plus en plus. Le clair de lune faiblissait. La vision de Mufasa s'estompait.

— N'oublie pas... n'oublie pas...

Et comme par enchantement, Mufasa disparut. Simba se retrouva à contempler les étoiles - seul. Alors il pivota sur ses hanches et s'en retourna auprès de Rafiki.

— Pas banal, comme phénomène, commenta le singe en observant le ciel à nouveau dégagé. Qu'as-tu vu, dis-moi ?

Simba haussa les épaules. Les émotions étaient trop puissantes, trop nombreuses. Son père lui était apparu et lui avait recommandé de ne pas oublier qui il était. Ironie du sort... Simba ne l'avait pas oublié. Il avait choisi de l'ignorer, nuance. Parce qu'il était responsable de sa disparition. À quoi bon s'en souvenir ? Simba secoua la tête, tourna les yeux vers Rafiki.

— Rien d'important, répondit-il enfin. C'est du passé.

BOUM !

— Aïe ! s'écria Simba. Tu es devenu fou ?

Rafiki venait de lui écraser son bâton sur le crâne.

— Tu oublieras vite, jugea le singe. C'est du passé.

Simba lui renvoya un regard noir. Il savait ce que Rafiki avait en tête. Mais il perdait son temps.

— Je ne pourrai jamais devenir comme lui... argumenta le jeune lion.

— Et lui, il n'aurait jamais pu devenir ce que tu es devenu, lui répliqua le primate.

Simba demeura un long moment sans rien dire. Les yeux levés vers les étoiles. Son père lui avait expliqué autrefois qu'il ne serait jamais seul, qu'il faisait partie d'un ensemble qui le dépassait. Nala, Rafiki et Mufasa avaient peut-être raison. Il était peut-être temps qu'il reprenne sa place dans le Cycle de la Vie. Simba secoua la tête. Comment faire ? Après toutes ces années, quelle était la marche à suivre ? Comment reprendre une existence qu'il avait fuie ?

— Alors, je te pose de nouveau la question, intervint Rafiki. Dis-moi... qui es-tu ?

Simba n'avait la réponse à aucune des questions qui le taraudaient. En revanche, il savait quoi répondre à ce que lui demandait Rafiki. Il ne mentirait plus sur ce point. Alors il s'avança vers le singe, redressa la tête et affirma :

— Je suis Simba. Fils de Mufasa.

Le soleil se levait, boule rouge qui illuminait le ciel et embrasait la terre. Simba accourait dans sa direction, vers la clairière où il savait retrouver Nala. Il la repéra sitôt qu'il y déboula. Elle lui tournait le dos. Sourire aux babines, il la dépassa en trombe et lança par-dessus son épaule :

— L'aube est là. Pas une minute à perdre !

— Hein ? s'étrangla Nala. Mais où vas-tu ?

Sans ralentir, Simba lui répondit :

— Défier Scar !

Il n'avait pas bien pris la mesure de ce qu'il s'apprêtait à faire jusqu'à ce qu'il prononce ces mots à voix haute. Mais cette décision était devenue inévitable depuis que Nala avait resurgi dans sa vie. Il devait rentrer. Il devait essayer - quitte à échouer - de mettre un terme au règne de Scar.

Nala sentit l'espoir renaître en elle. Elle rayonnait. Et de la voir aussi heureuse, Simba redoubla d'efforts. Il avait déjà attendu trop longtemps.

Les deux lions couraient à présent côte à côte. La jungle verdoyante fit place au sol dur et rocailleux du désert. Simba s'efforçait d'imaginer ce qu'il allait découvrir. Quand il avait fui la Terre des Lions, la peine et la peur voilaient son regard. Il avait encore du mal à se rappeler ce voyage. Mais aujourd'hui, aucun détail ne lui échappait.

Au sommet d'une immense dune de sable, il entendit le tonnerre au loin. L'orage était proche, les nuages noirs masquaient le soleil. Simba en conçut un mauvais pressentiment, il ralentit presque malgré lui. Mais lorsqu'il lut la détermination sur les traits de Nala, il reprit confiance. Bientôt, ils parvinrent en bordure de la Terre des Lions.

Un ultime effort, et Simba gravit la crête qui marquait la frontière. Il s'arrêta alors, contempla son ancien chez-lui pour la première fois depuis des années.

Et ce qu'il vit l'horrifia.

Nala n'avait pas menti. La Terre des Lions était dévastée. Le sol desséché, recouvert d'ossements. La mort régnait. Nulle part Simba n'aperçut la moindre créature vivante. Ce territoire autrefois luxuriant et peuplé d'innombrables troupeaux était à présent méconnaissable. Scar et ses hyènes l'avaient ravagé. Avisant le Rocher des Lions, au loin, Simba sentit sa gorge se nouer. Le Rocher aussi semblait changé. Sous les nuages noirs qui s'amoncelaient, il paraissait terne, sans vie, comme privé de son âme.

— Je refusais de te croire... souffla Simba à Nala.

— Scar dispose d'une armée, lui rappela celle-ci.

Simba secoua la tête. L'armée, il s'en moquait bien. Il était obnubilé par ce qu'il découvrait.

— Excuse-moi, finit-il par dire tout bas. Je n'aurais jamais imaginé...

Nala le regarda dans les yeux, tendrement. Elle hocha la tête. Après quoi elle reprit la parole :

— Qu'est-ce que tu comptes faire ?

Bonne question. Simba se la posait depuis qu'il avait quitté la jungle. La réponse lui était venue à l'instant. Il ne pouvait laisser Scar continuer à dépouiller ainsi la Terre des Lions. Rafiki lui avait demandé qui il était. Eh bien voilà, il était le fils de Mufasa. Or Mufasa n'aurait jamais toléré une telle honte. Simba inspira longuement, scruta la plaine.

— Toute cette immensité baignée de lumière est mon royaume, prononça-t-il. Si je ne le défends pas, qui le fera ?

— Moi, lui répondit Nala.

Simba se tourna vers elle en souriant. Mais son sourire s'envola très vite.

— Il y a bien trop de danger, la prévint-il.

— Du danger ? Ha ! Moi je me ris du danger ! Ha ! Ha ! Ha !

Ce petit souvenir de leur enfance était tout ce dont Simba avait besoin. À cet instant, la tension se rompit entre les deux amis, et ils éclatèrent de rire. Avec une pointe de stress et de peur, mais qu'importe. Ça leur fit du bien. Pour la première fois depuis qu'ils s'étaient retrouvés, Simba avait le sentiment que Nala et lui formaient de nouveau une équipe. Deux amis qui se soutiendraient, quoi qu'il arrive...

Mais tout à coup, un bruit étrange brisa la perfection du moment.

Simba et Nala découvrirent derrière eux une silhouette à l'horizon. Simba plissa les yeux pour mieux distinguer. Un animal ? Plutôt rondelet... Plutôt grand... Mais aussi carré, par certains côtés. Et il semblait doté de trois - si ce n'est quatre - têtes. Brusquement, la chose sortit de l'ombre, et Simba poussa un cri.

Ça n'était pas *un animal*... mais quatre ! Pumbaa fonçait droit sur eux, aussi vite que le lui permettaient ses petites pattes de phacochère. Perché sur sa tête, Timon faisait de grands signes aux lions. Le galago et la musaraigne, eux, voyageaient sur le dos de Pumbaa. Derrière eux, le ratel fermait la marche.

— Qu'est-ce que vous venez faire ici ? leur lança Simba quand ils s'arrêtèrent, tout essoufflés, devant Nala et lui.

— Moi je dirais qu'on vient se faire tuer, a priori, répondit le ratel.

— Je ne recommande à personne les voyages à dos de phacochère, indiqua le galago, les yeux encore plus ronds que d'habitude, ses oreilles comme folles. (Plissant le museau, il ajouta :) Je suis en apnée depuis les grandes gorges.

Simba se retint de rire quand Pumbaa renvoya un regard noir au galago. Il se réjouissait d'avoir ses amis autour de lui, mais il ne comprenait toujours pas ce qui les amenait là. À quoi bon venir risquer leur vie dans un royaume inconnu, pour y affronter un ennemi tout aussi inconnu ? Lorsqu'il leur reposa la question, Timon et Pumbaa (enfin, surtout Pumbaa) répondirent qu'ils étaient ses amis.

Et qu'entre amis on se serrait les coudes. Fin de la discussion.

— À votre service, monseigneur ! ajouta avec une révérence le phacochère.

Timon, lui, alla découvrir la Terre des Lions. Il promena son regard à travers la plaine qui s'étendait en contrebas de la crête et haussa un sourcil.

— Alors c'est pour *ça* qu'on va se battre ?

— Oui, Timon, confirma Simba. C'est mon royaume.

Prononcer ces mots à voix haute rendait la chose encore plus réelle. Un sentiment d'urgence emplit Simba, qui se mit à tourner en rond, pressé d'en découdre.

Mais Timon n'avait pas terminé :

— Je te raconte pas le montant des travaux ! J'aime bien la déco, remarque. Un peu chargé au niveau des os, mais pas mal quand même.

— Simba, intervint alors Pumbaa. Nous serons à tes côtés jusqu'à la fin. Tu n'as qu'à dire ce que tu attends de nous.

Le jeune lion s'immobilisa. Il observa ses amis, puis sourit. Scar disposait peut-être d'une armée, mais lui-même était aussi bien entouré. Il se tourna vers le Rocher des Lions. L'heure était venue de mettre un terme au règne de Scar.

CHAPITRE DIX-NEUF

Simba se demandait s'il n'avait pas été un peu présomptueux.

Ses amis et lui avaient traversé la plaine sans se faire repérer. Ses craintes avaient été infondées : les hyènes n'avaient pas flairé leurs odeurs. Sans doute un coup de chance. La petite troupe était parvenue au pied du Rocher des Lions sans croiser une seule de ces créatures baveuses et nauséabondes.

Hélas, la chance les abandonna.

Tapis derrière un rocher, Simba, Nala et les autres firent le point. Simba hasarda un coup d'œil. Il rabaissa aussitôt la tête en grognant. Deux grosses hyènes montaient la garde à l'entrée du Rocher. Et contrairement à toutes celles qu'il avait pu croiser ou presque, celles-ci étaient costaudes.

— On est morts, souffla le galago quand Simba eut fait son rapport.

— C'était bien la peine que je me pomponne, soupira la musaraigne.

Timon joua des coudes entre ses camarades pour se rapprocher de Simba.

— Bon, c'est quoi, ton plan pour se débarrasser des gardes ? demanda-t-il.

Simba plissa les yeux. Il jeta un nouveau coup d'œil par-dessus le rocher. Puis il se rassit et inspecta ses troupes. Son regard se posa sur Pumbaa. Le phacochère était occupé à se gratter le derrière. Simba sourit. Il venait de trouver un plan.

— On va les appâter, déclara-t-il.

Ses amis se tournèrent comme lui vers Pumbaa. Se sentant visé, celui-ci cessa de se gratter et s'exclama :

— Excellente idée ! Ces bêtes-là ne résisteront pas à un bon gros morceau de viande bien juteux ! (Une pause, puis il précisa :) On tente un gnou ?

Simba secoua la tête.

— OK, alors, euh... hésita le phacochère.

Les regards braqués sur lui le mettaient mal à l'aise.

— L'appât, ça sera toi, lui révéla Timon.

Pumbaa en eut une boule dans la gorge. Simba esquissa un sourire pour tenter de le rassurer, mais il savait que c'était peine perdue. Il n'empêche, c'était leur seule chance de se débarrasser des deux hyènes. Le plan était très simple : Timon et Pumbaa allaient faire diversion en se baladant sous le nez des hyènes ; Simba et Nala en profiteraient pour grimper au sommet du Rocher.

Facile.

En théorie.

Hélas, ils avaient sous-estimé la faim des hyènes. Ainsi que leur pointe de vitesse. Tout comme les talents d'acteur de Timon. En effet, le suricate surgit de derrière le rocher et se lança dans son grand numéro.

— Mesdames, ne dites rien, je sais déjà que vous mourez de faim ! (Désignant Pumbaa, qui tremblait de tout son corps, il ajouta :) Et justement, j'ai un délicieux cochon à vous offrir. Il est gros, il est gras, et son nom c'est... Pumbaa !

Le suricate avait à peine achevé son discours que les hyènes salivaient déjà. Et qu'elles se précipitaient vers son camarade et lui.

— ON SE CASSE ! s'égosilla Timon.

Pumbaa n'avait pas besoin qu'on le lui dise deux fois. Il prit ses pattes à son cou en hurlant, immédiatement talonné par les hyènes.

Simba et Nala attendirent que ces dernières soient parties pour se faufiler jusqu'à l'entrée du Rocher. Simba prit alors une grande inspiration, et interrogea du regard son amie. Celle-ci hocha la tête.

Le moment était venu de sauver la Terre des Lions.

Scar observait l'orage qui se rapprochait. Il leva la tête, huma l'air longuement. Depuis toujours il aimait l'orage. L'électricité. Le danger. L'obscurité. Il savait que les orages mettaient les lions à cran, il avait entendu Sarabi plus d'une fois prédire que le prochain risquait d'embraser la plaine desséchée. Mais il s'en moquait. Tout comme il se moquait de toutes les jérémiades des lionnes.

Il se tourna justement vers Sarabi, allongée sur le Rocher. Son corps affaibli, sa tête lourde, sa respiration pénible. Depuis le départ de Nala, il menait la vie dure à toutes les femelles.

— Sarabi, prononça-t-il en s'approchant de la reine. Mon cœur se brise, de te voir ainsi accablée par la faim. Tu ne survivras pas longtemps en te nourrissant exclusivement de restes.

Ses paroles bienveillantes contrastaient avec le ton de sa voix. Aussi glacé que l'était son regard. Quand il fut devant elle, Sarabi se leva. Avec difficulté. Un effort qui l'épuisa. Elle chancela un instant.

— Il te suffirait d'accepter de devenir ma reine, rappela Scar.

Mais la lionne secoua la tête et, bien que faible, répondit :

— C'est terminé, Scar. Tu ne le comprends donc pas ?

Le mâle plissa les yeux. Cette conversation le fatiguait, tout comme l'obstination dont faisait preuve cette femelle.

— C'est toi-même qui t'infliges ces souffrances, affirma-t-il. Et pour quoi ? En souvenir de ta vie d'autrefois. D'un roi que tu aimais autrefois.

— Je l'aime encore, répliqua Sarabi.

— Ce n'est pourtant pas faute d'avoir voulu te montrer ce qu'est un vrai roi ! gronda Scar, exaspéré.

Sarabi redressa la tête et riva son regard sur celui de Scar. Puis elle s'exprima d'une voix douce mais déterminée :

— Le vrai pouvoir d'un roi, c'est sa compassion.

Scar rugit de colère. Il était à bout. Voilà des années qu'il supportait qu'elle le rabaisse, qu'elle sape son autorité, qu'elle repousse ses avances. Qu'elle reste manifestement amoureuse de Mufasa. Mais aujourd'hui, c'en était trop. Elle menaçait son autorité. Elle allait devoir s'incliner devant lui - ou mourir. Son corps vibrait de rage. Il s'avança vers Sarabi.

— Je suis un roi DIX FOIS MEILLEUR que ne l'était Mufasa ! hurla-t-il. Et je vais le prouver de mes griffes !

Un éclair fusa dans l'air quand le maléfique personnage brandit une patte. Le tonnerre gronda, le Rocher des Lions trembla. Mais quand le tonnerre s'estompa, il se mua en rugissement. Scar leva la tête dans la direction d'où provenait ce bruit, et ouvrit de grands yeux.

Perchée sur un rocher au-dessus de Sarabi et lui, illuminé par les éclairs, se dressait la silhouette d'un lion.

— Éloigne-toi d'elle, Scar, ordonna ce félin.

— Mufasa, s'étrangla Scar. Ça n'est pas possible...

Mais dans son dos, il entendit Sarabi qui souffla :

— Simba...

Alors il observa mieux le nouveau venu, mais celui-ci se jeta dans le vide et atterrit devant eux. Scar secoua la tête, déboussolé. Sarabi avait vu juste. C'était bien Simba. Adulte. Le portrait craché de son père.

Lentement, il se recula.

— Tu es en vie. Comment as-tu fait ?

Entendant la voix de sa mère, Simba fut près de pleurer. Il n'aurait jamais cru la revoir un jour. Et les voilà réunis. Il alla caresser son museau du sien. Sensation à la fois familière et étrange. Lorsqu'il avait quitté le royaume, il lui arrivait à peine au genou. À présent, il devait se pencher pour être à sa hauteur.

— C'est sans importance, chuchota-t-il en se dégageant. Je suis là.

— Simba, embraya Scar. Je suis tellement heureux de te revoir. *Vivant.*

Simba se tourna vers son oncle. Contrairement à sa mère, maigre et affaiblie, Scar semblait bien nourri et reposé.

— Donne-moi une seule bonne raison de ne pas te mettre en pièces ! rugit-il.

— Je pourrais t'en donner mille, répliqua Scar en adressant un signe de tête par-dessus son épaule.

Pendant que Simba et sa mère se retrouvaient, les hyènes s'étaient réunies autour des trois lions. Il en sortait des moindres recoins du Rocher, les babines retroussées, les poils de la nuque dressés.

— Vois-tu, ajouta Scar dans un haussement d'épaules, elles m'ont élu roi.

Simba observait la troupe des hyènes qui grossissait. Il hésitait. Nala l'avait mis en garde contre ces bêtes. Lui-même les avait affrontées en nombre au cimetière des éléphants, autrefois. Mais l'inquiétude le gagnait malgré tout.

— Simba est notre souverain !

Nala faisait son entrée sur le Rocher. Elle était allée rassembler les lionnes de la tribu. Ces femelles parurent retrouver leurs forces sitôt qu'elles aperçurent Simba.

Lui aussi revigoré, celui-ci s'adressa à son oncle :

— À toi de choisir, Scar. Tu te soumets, ou tu te bats.

— Pourquoi tant de violence ? ironisa le monstre. C'est horrible d'être responsable de la mort d'un membre de sa famille. Je mourrais de honte, si j'avais ôté la vie à un être qui m'est cher.

Il se tut, un sourcil arqué en direction de Simba. Comme pour le défier de poursuivre la discussion.

Le jeune mâle secoua la tête. Scar n'allait pas s'en tirer comme ça.

— C'est inutile, Scar, tonna-t-il. Je ne me sens plus coupable.

— Et tes sujets, si fidèles et si dévoués, ont-ils si peu de mémoire ?

— Simba... de quoi est-ce qu'il parle ? demanda Nala en observant tour à tour l'oncle et le neveu.

Simba et elle échangèrent alors un regard. Le doute s'immisçait dans les yeux de la jeune femelle. Simba, lui, contint un grognement. Il aurait dû se douter que Scar emploierait cet argument contre lui. Il voulut répliquer, mais les mots ne vinrent pas.

C'est au contraire son oncle qui insista :

— Eh bien, Simba ? Tu tiens enfin l'occasion de te confesser. Dis-leur qui est responsable de la mort de ton père.

Tous les regards se braquèrent sur le revenant. Simba les sentait qui pesaient sur son dos. Il soupira. À quoi bon continuer à faire semblant. Scar avait raison. Pour être roi, il se devait d'être honnête avec les lionnes.

— C'est moi, dit-il.

— Non, c'est faux, s'étouffa Sarabi. Tu n'étais qu'un tout petit lionceau. Dis-moi que c'est faux.

Simba accrocha son regard, hocha la tête.

— C'est hélas vrai, confirma-t-il. J'en suis navré.

Le visage de sa mère se décomposa. Simba en eut le cœur brisé.

— Il a avoué ! tonna Scar. Assassin !

L'orage redoublait de fureur sur la Terre des Lions. Les éclairs et le tonnerre se déchaînaient. C'était comme s'ils portaient un jugement sur Simba. Tout à coup, la foudre frappa les herbes desséchées au pied du Rocher. Celles-ci s'embrasèrent instantanément.

Simba n'en vit rien. Il scrutait sa mère, Nala et les autres lionnes.

— C'était un accident, se défendit-il d'une toute petite voix.

Je ne voulais pas lui faire de mal. Une fraction de seconde, il revit en mémoire l'image de son père en train de chuter dans le vide.

— Sans toi, Mufasa serait encore vivant, ricana Scar, dont chaque parole était comme un coup de griffes au cœur de Simba. C'est à cause de toi qu'il est mort ! Tu oses le nier ?

— Non.

Le mot résonna dans tout le Rocher des Lions, plus fort encore que le tonnerre dans le ciel.

CHAPITRE VINGT

La tension était palpable, tandis que les lionnes et les hyènes observaient l'oncle et le neveu. En contrebas, l'incendie se propageait, les flammes léchaient le Rocher des Lions. Simba, lui, n'avait conscience ni de la chaleur, ni du danger. Il n'entendait que les battements lourds de son cœur, ne sentait que les regards horrifiés des lionnes.

— C'est donc toi l'assassin ! cracha Scar.

— Je ne suis pas un meurtrier ! se récria Simba.

Non ! ajouta-il intérieurement. *Je n'ai rien voulu de tout ça. C'était un accident. Un terrible accident.*

Hélas, les mots restèrent coincés en lui, prisonniers. Il inclina la tête, abaissa les épaules, comme pour se cacher en lui-même.

— Et nous devrions croire un fils qui a tué son père ? martela Scar en se tournant vers Sarabi. Un fils qui a abandonné sa propre mère ?

Il gifla Simba d'une patte rageuse.

— Non ! tenta de s'expliquer celui-ci. Je suis le... je suis...

— Tu es quoi ? ricana son oncle. Réponds ! Es-tu le roi ? ES-TU LE ROI ?

Il gifla encore Simba.

Le coup repoussa le jeune mâle vers le bord du Rocher. Simba se recroquevilla sur lui-même. Scar frappa encore. Et encore. Chaque fois, Simba entrapercevait une image du jour fatal. Et ses forces le quittaient. Comme s'il redevenait un lionceau, impuissant face à l'horreur qui se déroulait devant lui. Il revit Mufasa qui se cramponnait à la paroi du canyon. Ses muscles puissants tendus. Puis l'instant, atroce, où il disparut dans le nuage de poussière soulevé par le troupeau.

— Réponds ! insista Scar. Dis-nous ce que tu es !

Une autre image de Mufasa revint en mémoire à Simba. Le roi contemplait son royaume, sous le soleil qui faisait luire sa crinière – il avait tout du monarque que Simba ne serait jamais.

— Je suis... bredouilla celui-ci. Je ne suis rien du tout.

Dans un rugissement de triomphe, Scar frappa une dernière fois son neveu, qui bascula dans le vide. Simba allait s'écrouler dans le brasier, quand il entendit Nala hurler son nom. D'instinct, il tendit une patte et se retint à la roche. Les flammes crépitaient sous lui.

Au-dessus de sa tête apparut le visage de Scar. L'incendie faisait ressortir davantage encore sa cicatrice. Il toisa son neveu, puis sourit :

— Tiens, tiens... Ce regard m'est familier. Il me semble l'avoir déjà vu quelque part. Oh oui, ça y est je me le rappelle. C'est le regard qu'avait ton père juste avant de mourir. J'ai vu la peur dans ses yeux... (Une pause. Scar se pencha, de sorte que seul Simba puisse entendre la suite.) Écoute mon petit secret : c'est moi qui ai tué Mufasa.

Simba redressa la tête. Son regard accrocha celui de Scar et, à cet instant, il sut la vérité. Ça n'est pas lui, Simba, qui avait tué son père. L'assassin, c'était Scar. Scar qui avait eu la possibilité de sauver son frère et qui, au contraire, l'avait laissé tomber dans le canyon. Tout comme il s'apprêtait à laisser Simba tomber du haut du Rocher.

La rage déferla dans le corps du jeune lion. Il rugit d'instinct, et mobilisa ses dernières forces pour se propulser sur Scar, dont il mordit la crinière.

Sous le choc, celui-ci recula, entraînant son neveu avec lui. Les deux lions roulèrent sur le sol rocheux, puis Simba se redressa et chargea. Il percuta Scar la tête la première, poussé par toutes les années qu'il avait perdues à cause de ce traître.

— Mon père ! éructa-t-il. Ton propre frère ! Comment as-tu osé ?

Scar se dégagea puis se tourna vers les lionnes pour tenter de poursuivre sa petite comédie :

— D'abord il tue Mufasa, et maintenant il veut me tuer !

— C'EST TOI QUI L'AS TUÉ ! s'indigna Simba. DIS-LEUR LA VÉRITÉ !

— Ne l'écoutez pas, insista Scar. Il ment.

— Scar, intervint Sarabi d'une voix plus forte que le tonnerre et les grondements des flammes.

Elle se porta à la hauteur de son fils. Celui-ci ne lut plus la déception dans son regard. Ses yeux n'exprimaient plus que la colère.

— Tu nous as dit que tu n'avais pu arriver au canyon à temps, rappela-t-elle.

— En effet, répondit Scar. C'est la vérité.

— Dans ce cas, comment as-tu pu voir le regard qu'avait Mufasa juste avant de chuter ?

Simba sourit ; Scar grimaça. Le coupable était pris. Sarabi l'avait démasqué. Scar ne pouvait avoir vu le regard de Mufasa que s'il avait été sur place au moment du drame. Il ne leur avait raconté que des mensonges. C'est lui qui avait poussé Simba à s'enfuir. C'est lui qui avait causé la perte de la Terre des Lions. C'est lui qui avait fait mourir Mufasa.

— ASSASSIN ! gronda Simba.

Scar resta un long moment paralysé. Simba le toisait, son corps entier pulsait de triomphe et de rage. Mais soudain, un sourire écarta les babines de Scar. Le traître tourna la tête et adressa un signe aux hyènes.

— Tuez-les tous ! ordonna-t-il.

En une fraction de seconde, le Rocher résonna de grondements et de claquements de mâchoires : lions et hyènes s'affrontaient. Simba se jeta dans la mêlée en rugissant, envoya voler les hyènes à grands coups de patte. Nala et Sarabi se battaient à ses côtés, massacraient les créatures qui leur pourrissaient l'existence depuis si longtemps.

La fumée emplissait l'air à mesure que l'incendie gagnait du terrain. Simba, lui, ne perdait pas de vue son oncle. Scar battait en retraite, cherchait une issue. Simba écarta un groupe de hyènes et aperçut Shenzi et sa meute qui attaquaient Sarabi.

Il hésita. Il ne voulait pas abandonner sa mère, ni laisser filer Scar. C'est alors qu'un bruit familier lui parvint. L'instant d'après, Pumbaa chargeait les hyènes qui menaçaient Sarabi comme il avait chargé les busards. Perché sur le dos du phacochère, Timon poussa un triomphal « Ça marche à tous les coups ! »

Laissant ses amis s'occuper des hyènes, Simba s'élança après Scar. Il zigzagua entre les griffes et les crocs. À chaque mouvement, il ressemblait un peu plus à Mufasa. Une transformation qui suffit bientôt à faire fuir les hyènes sur son passage. Simba, lui, ne s'intéressait qu'à Scar. À son oncle qui cherchait à s'enfuir.

Derrière lui, il entendait les animaux de la jungle qui participaient au combat. Des glapissements lui indiquèrent que ses amis employaient leurs défenses, leurs dents et leur vitesse pour aider les lionnes à repousser les hyènes. Et très vite, des cris de triomphe lui indiquèrent que la partie était gagnée.

Mais Simba n'avait pas le temps de savourer. Il devait rattraper Scar. Pas question de le laisser échapper. Hélas, la fumée l'aveuglait presque. Simba se dirigeait à tâtons, quand un éclair illumina le sol devant lui. Il aperçut Scar. Le vieux mâle rampait vers la pente conduisant au sommet du Rocher.

Simba se jeta sur lui dans un rugissement rageur.

— C'est fini, Scar, gronda-t-il.

Lentement, son oncle se tourna vers lui. Une patte levée en signe d'apaisement, la mine innocente.

— Par pitié, Simba. Je t'implore.

— Tu m'implores ? Après ce que tu as fait ?

— C'est la faute des hyènes ! Ces immondes charognards m'ont obligé ! Je comptais d'ailleurs les massacrer...

Dans son dos, Simba perçut les grognements furieux des quelques hyènes qui n'avaient pas fui. Une fois n'est pas coutume, il éprouva un peu de compassion pour ces créatures.

— Tu t'es moqué d'elles, comme tu t'es moqué de moi, tonna-t-il.

Et il s'avança vers Scar, le forçant à reculer. Les pattes du vieux lion tremblaient sur le sol dur, mais Simba le poussa jusqu'au sommet du Rocher.

Scar se recroquevilla alors sur lui-même. Une peur sincère se lisait dans le regard qu'il planta sur son neveu.

— Simba... tu n'oserais pas tuer ton vieil oncle...

L'intéressé n'hésita pas. Il se jeta sur Scar. Il voulait le rayer de sa vie, le rayer du monde. Mais alors qu'il s'apprêtait à frapper, il se figea. S'il poussait Scar dans le vide, il ne vaudrait pas mieux que lui. Son père lui avait appris à se comporter avec force et sagesse. Tuer Scar ne serait pas une démonstration de force, mais la simple expression d'une vengeance. Il secoua la tête.

— Non, Scar. Je ne vais pas te tuer.

— Oh Simba, sourit l'oncle. Tu as l'âme noble. Je n'oublierai pas, je te le promets. Mais comment puis-je te prouver ma bonne foi ? Dis-moi, je suis prêt à faire n'importe quoi.

Simba marqua une pause. Puis, lentement, il se pencha vers Scar.

— Pars. Pars très loin, et ne reviens jamais.

C'étaient les paroles que son oncle lui avait dites après la mort de Mufasa.

Scar resta un long moment à scruter Simba, comme s'il avait face à lui le fantôme de son frère. Puis, enfin, il acquiesça.

— Oui. Bien sûr. Comme vous voudrez... Votre Majesté.

Mais les mots avaient à peine franchi ses babines, que le fourbe jeta un tas de braises rouges sur Simba.

Momentanément aveuglé, celui-ci se frotta les paupières. Scar en profita pour le clouer au sol. La manœuvre coupa le souffle au jeune lion. Puis il parvint à rugir et à repousser son oncle. Il lui avait fait une offre généreuse, mais Scar l'avait rejetée.

Le tonnerre grondait toujours tandis que les deux lions roulaient l'un sur l'autre, luttaient comme deux diables. En contrebas, les dernières hyènes présentes et les lionnes suivaient l'affrontement avec angoisse. Simba, lui, ne s'intéressait qu'à son oncle, ce traître, contre lequel il se battait avec toutes ses forces. Il se battait pour les années gâchées et les espoirs perdus. Il se battait pour les moments qu'il ne revivrait jamais - avec sa mère, avec Nala, avec son père. Mais surtout, il se battait avec un cœur de roi. Un ultime rugissement, et il repoussa Scar et se dressa sur ses pattes.

— Tu ne gagneras pas, Scar, déclara-t-il en haletant.

— Ce royaume m'appartient, répliqua le fourbe, tout aussi essoufflé. C'est ma destinée !

Et il chargea de nouveau en rugissant.

Sauf que, cette fois-ci, Simba était prêt. Il esquiva l'assaut. Entraîné par son élan, Scar bascula dans le vide, et atterrit sèchement au pied du Rocher.

Simba courut au bord du précipice. Il avisa son oncle qui se relevait lentement, et avec difficulté. Un groupe de hyènes l'encerclait déjà, sous la conduite de Shenzi. Simba comprit qu'elles s'étaient lassées de leur chef. Elles l'avaient entendu les traiter de charognards. Elles l'avaient entendu projeter de se débarrasser d'elles. Les hyènes n'étaient pas des créatures bien malignes, mais Simba savait qu'elles étaient rancunières. Les cris d'effroi de Scar et les grondements des hyènes montèrent jusqu'à lui. Ces bêtes allaient donner à Scar une leçon qu'il n'oublierait sans doute jamais.

Simba marchait d'un pas lent, le corps transpercé de douleur. Dans le ciel, les nuages déversèrent une pluie qui lui trempa le pelage et éteignit l'incendie qui menaçait le Rocher des Lions. Le Rocher où il était désormais à nouveau chez lui.

Un sourire se dessina sur ses traits à mesure qu'il découvrit Sarabi et Nala qui l'attendaient, entourées par toutes les autres lionnes. Un peu en retrait – heureux, certes, mais pas bien rassurés par la présence de tous ces carnivores –, Timon, Pumbaa et leurs amis avaient eux aussi le sourire. Simba alla caresser sa mère. Puis il inclina la tête pour remercier ses camarades de la jungle. Timon lui adressa de grands signes agrémentés d'une petite danse. Pumbaa, lui, le gratifia de sa spécialité : un bon gros pet. Simba éclata de rire, puis se tourna vers Nala. Il avait tant de choses à lui dire. Tant de choses qu'il aurait déjà dû lui dire. Il voulait la remercier – de l'avoir sauvé. Mais quand son regard accrocha celui de la jeune femelle, les mots se coincèrent dans sa gorge. Alors il lui effleura le museau du bout du sien. Un début ; une promesse.

Le sourire toujours rivé au visage, il releva la tête quand il perçut des battements d'ailes. C'était Zazu. Le calao se posa devant lui et fit la révérence.

— Votre Majesté, prononça l'ancien majordome de Mufasa.

Simba inclina la tête. Mais il n'eut pas le temps d'adresser la parole à son vieil ami, qu'il aperçut Rafiki, perché près du promontoire du Rocher. Le mandrill lui faisait des signes avec son bâton. Simba s'excusa auprès de ses amis – anciens et nouveaux –, puis il se dirigea vers Rafiki. Celui-ci pointait son bâton vers l'extrémité du promontoire, sans rien dire. Ça n'était pas utile. Simba savait ce qu'il avait à faire. C'était inscrit dans son sang.

Il redressa la tête, s'avança vers le bord du Rocher. Là, il s'arrêta pour contempler le ciel. L'orage était passé, emportant avec lui la pluie, les nuages noirs et le tonnerre. À la place, une multitude d'étoiles avaient émergé, leurs lueurs scintillantes illuminaient la nuit. Simba entendit la voix de son père, portée par le vent. « N'oublie pas... » disait Mufasa.

Je n'oublierai jamais, jura à part Simba. Il était désormais roi, pour toujours. Et il allait consacrer sa vie à réaliser les vœux de son père. Il serait le plus puissant des rois. Et il n'oublierait ni les événements, ni les créatures, qui l'avaient porté sur le trône.

Rejetant la tête en arrière, Simba poussa un rugissement.

Derrière lui, Nala, Sarabi et les lionnes l'imitèrent. Le son retentit dans tout le Rocher, puis se diffusa alentour. Simba sourit en admirant son royaume. Le passé était le passé. Timon et Pumbaa avaient bien raison sur ce point. L'heure était venue de se tourner vers le futur.

ÉPILOGUE

Simba scrutait la plaine qui s'étirait devant lui. Des troupeaux d'éléphants arpentaient la savane, les petits accrochés à la queue de leurs mères. Topis et gazelles bondissaient dans les herbes grasses, leurs cornes luisaient au soleil. Simba entendait les cris des hippopotames qui pointaient la tête hors de l'étang et aspergeaient les visiteurs. Dans les arbres, les mandrills piaillaient, se balançaient de branche en branche pour aller saluer leurs proches. Les girafes se déplaçaient d'une démarche nonchalante, s'arrêtaient çà et là pour grignoter des feuilles. Il flottait dans l'air un doux parfum, l'odeur de la vie. La plaine n'était plus le paysage désolé qu'elle était sous le règne de Scar.

La vie avait regagné la Terre des Lions.

Simba retourna alors dans sa tanière. Un sourire se dessina sur ses lèvres quand il avisa son tout jeune fils, qui s'amusait avec Timon et Pumbaa. Nala couvait du regard le petit, dans un mélange d'amour et d'émerveillement. Elle sentit le regard que Simba posait sur elle, et se tourna vers lui, avec un sourire plein de fierté.

Tout à coup, Rafiki frappa le sol de son bâton. Simba fit signe à Nala de le rejoindre. La reine saisit son petit dans sa mâchoire et se dirigea vers son époux. Ensemble, ils suivirent Rafiki jusqu'au promontoire. Les animaux du royaume s'étaient rassemblés en contrebas pour honorer leur futur roi.

Rafiki leur présenta le petit à bout de bras. Simba interrogea du regard Nala, et lui sourit. Bien des années avaient passé depuis le jour où il s'était enfui en pensant ne jamais revenir. Mais son père ne s'était pas trompé. La vie est un cycle. Un cycle dont Simba faisait partie depuis sa naissance. Il avait eu un petit trou de mémoire passager – rien de grave.

Au pied du Rocher, les animaux accueillirent le lionceau par des cris de joie. Simba, lui, recula lentement. Le moment n'était pas encore venu mais, un jour, le royaume appartiendrait à son fils. En attendant, Simba allait faire de son mieux pour honorer la promesse faite à Mufasa. Il n'oublierait jamais qui il était, ni qui Mufasa avait été. Et quel que soit le chemin que son fils décide d'emprunter, il serait là pour lui. Comme il serait là pour Nala, pour ses amis, pour son royaume. Tel était le chemin sur lequel Simba s'était engagé.

« Pour l'éditeur, le principe est d'utiliser des papiers composés de fibres naturelles, renouvelables, recyclables et fabriquées à partir de bois issus de forêts qui adoptent un système d'aménagement durable. En outre, l'éditeur attend de ses fournisseurs de papier qu'ils s'inscrivent dans une démarche de certification environnementale reconnue. »

Composition et mise en pages : Nord Compo

PAPIER À BASE DE FIBRES CERTIFIÉES

hachette s'engage pour l'environnement en réduisant l'empreinte carbone de ses livres. Celle de cet exemplaire est de : 400 g éq. CO_2
Rendez-vous sur www.hachette-durable.fr

Achevé d'imprimer en Italie par Grafica Veneta
Dépôt légal 1re publication juillet 2019
56.3609.8 - ISBN : 978-2-01-709973-4
Édition : 01 - Achevé d'imprimer : juillet 2019